Marc Clement (Hrsg.)

Die Fort Eustis Files

Die Untersuchungsberichte der deutschen

Dampflokomotiven in den USA

Eine Dokumentation

Bibliografische Information der Deutschen Nationalbibliothek:

Die Deutsche Nationalbibliothek verzeichnet diese Publikation in der Deutschen Nationalbibliografie; detaillierte bibliografische Daten sind im Internet über http://dnb.dnb.de abrufbar.

© 2020 Marc Clement

Lektorat: Joachim Thomas

Herstellung und Verlag: BoD - Books on Demand, Norderstedt

ISBN 978-3-7578-2047-3

Inhaltsverzeichnis

0 Vorwort

Schon vor Ende des Zweiten Weltkrieges wurden von den amerikanischen Stellen Fachleute zusammengezogen, um *die Sicherung der wichtigsten und vielleicht einzigen materiellen Belohnung des Sieges, nämlich des Fortschritts der Wissenschaft und der Verbesserung der Produktion und des Lebensstandards in den Vereinten Nationen durch die richtige Auswertung der deutschen Technologien auf diesem Gebiet*[1] sicherzustellen.

Bekannt in diesem Zusammenhang ist, dass Wissenschaftler und Material, die in Zusammenhang mit der deutschen Raketenforschung standen, in die USA verbracht wurden. Darüber hinaus wurden u. a. auch eine Reihe von Eisenbahnfahrzeuge und -ausrüstungen zusammengestellt, die für die USA von potenziellem Interesse waren. Zu diesen Ausrüstungen gehörten u. a. die Dampfmotorlokomotive 19 1001, eine Kondenslokomotive, je ein Exemplar der Kriegslokomotiven der Baureihe 52 und 42, ein Schnelltriebwagen, ein Exemplar einer späteren V 36 sowie einige Güterwagen. Mit in diesem Transfer waren auch ein Mienensuchboot und eine Reihe von Dieselmotoren.

Das Material wurde in die USA verschifft und dort von militärischen und zivilen Fachleuten untersucht. Nach ihrer Ausstellung und gründlicher Untersuchung sank jedoch das Interesse schon sehr schnell, weil sich die Bauprinzipien amerikanischer Lokomotiven teilweise grundlegend von den kontinentaleuropäischen Grundsätzen unterschieden und das Material nicht in die US-Technikwelt passte. Auch war bei den Eisenbahnen in den USA der Traktionswandel weg vom Dampf und hin zum Diesel in vollem Gange, weshalb keine großen Investitionen mehr in die Weiterentwicklung von Dampflokomotiven getätigt wurden.

Schon Ende der 40er Jahre war der Neuigkeitswert soweit gesunken, dass man keine Verwendung mehr für das Material hatte und einige der überführten Dampflokomotiven der Deutschen Bundesbahn (DB) zur Rückgabe angeboten wurden. Da die junge DB die Transportkosten jedoch scheute und die Fahrzeuge keinen hohen betrieblichen Nutzen versprachen, lehnte diese ab. Daher wurden diese im Jahr 1952 in den USA verschrottet.

Während ihres Aufenthalts in den USA wurden Berichte über die Lokomotiven

---

[1] (Wikipedia01)

angefertigt, die nun der Öffentlichkeit zugänglich sind.

Der Teil, der die Dampflokomotiven betrifft, wurde für dieses Buch ins Deutsche übertragen. Dabei wurde Wert darauf gelegt, dass die Übertragung nahe am Original bleibt, d. h. es wurden die in den Berichten vorhandenen Fehler und Ungenauigkeiten insbesondere bei den Abmessungen oder Daten der Lokomotiven belassen und nicht korrigiert. Soweit möglich wurde die Formatierung der Berichte beibehalten. Die Kapitel 2,3 und 5 sind daher direkte Übersetzungen der englischen Texte. Innerhalb dieser Kapitel sind Anmerkungen in eckigen Klammern oder in entsprechenden Fußnoten angegeben.

In den Tabellen wurden die Zahlenwerte mit einen Punkt (.) als Dezimaltrennzeichen übernommen, wie es in den USA üblich ist. Bei angegebenen Umrechnungen in das metrische System wurde das in der EU übliche Komma (,) als Dezimaltrennzeichen verwendet. Englische Einheitsbezeichnungen beziehen sich auf angloamerikanische Einheiten, deutsche Bezeichnungen auf kontinentaleuropäische Einheiten.

Kommentierungen der Berichte wurden nicht vorgenommen, da über die einzelnen Fahrzeuge zum Teil schon ausreichend Literatur vorhanden ist und der Charakter dieses Zeitdokuments so weit wie möglich erhalten werden sollte.

An dieser Stelle möchte ich mich ganz herzlich bedanken bei Frau Nancy Cunningham, Herrn James E. Atwater, stellv. Kurator des US Army Transportation Museum in Ft. Eustis/VA, Herrn Sam Barnes, Archivar der Army Logistics University Library in Fort Lee/NJ, sowie Herrn Matthew Fraas, Education Specialist, für die freundliche Überlassung von Unterlagen und die Erlaubnis, diese veröffentlichen zu dürfen, sowie deren weitreichende und freundliche Unterstützung. Ebenfalls gilt mein Dank auch Herrn Karl-Heinz Wunderlich für seine wertvollen Hinweise.

1 Auf dem Weg nach Antwerpen[2]

[52 2006 mit der Beschriftung des USATC[3] noch in Deutschland vor dem Abtransport in die USA]

Einige unserer Jungs bei unserem großen Baby. Es ist immer noch ein Kuriosum[4].

---

[2] Die Bilder und deren Originalunterschriften mit freundlicher Genehmigung von Nancy Cunningham, siehe auch (Cunningham, 2020)

[3] **U**nited **S**tates **A**rmy **T**ransportation **C**orps (Transport Korps der Armee der Vereinigten Staaten)

[4] Es handelt sich um 52 2021 (Hersteller: Henschel & Sohn GmbH → Baujahr: 1945 → erste Bahngesellschaft:

Ein Bild von der Lokomotive, über die ich so viel gesprochen habe. Alle acht Tage nahm sie Wasser. Das ist wirklich eine große Sache. Sie steht hier im Ringlokschuppen, aber niemand benutzt sie.

H. E. Palmer neben der großen Lokomotive in Oberhausen.

Deutsche Reichsbahn (West) → Erststationierung: Kassel → 1945: DB → +: Mainz-Bischofsheim, 1953

Finy Irubisia im Führerhaus einer der deutschen Ausstellungsmaschinen, die in die Staaten verschifft werden.

Fred Ramsey demontiert die Sandfallrohre einer deutschen Lokomotive, die sich auf dem Weg in die Staaten befindet. Sie haben Transportkapazität für so etwas.

H. Palmer, mein Zimmergenosse, im Führerhaus einer der deutschen Lokomotiven. Ich nahm dies in Herne, Deutschland auf.

Eine der Kondensatorbaureihe auf dem Weg in die Staaten. Diese Maschinen standen neben uns im Nordbahnhof [*in Antwerpen*]. Sie scheinen uns zu verfolgen.

2 The Yankee Boomer[5]

VOL. 2 NO. 37   JUNE 14, 1945

FROM LOUISIANA TO GERMANY WITH THE 708TH

(EDITOR'S NOTE: Now that the war in Europe is over, a great deal more can be told about the activities of individual units than was possible heretofore. The following article, which highlights the experiences of the 708th Ry Grand Division, is the first of a proposed series on MRS outfits.)

It was in February 1943, that a group of civilian Baltimore & Ohio railroaders swapped mufti for khaki and went into military training at Fort Slocum, N. Y. Like many men from other American railroads, they were volunteers.

After completion of an initial "military refresher course", they assembled at the Army Service Forces Unit Training Center at New Orleans, La., and on April 6th, 1943, Hq. and Hq. Company of the 708th Ry Grand Division, Military Railway Service, was activated.

Those same civilian railroaders, who formed the officer cadre of the 708th, have come a long way since then. And along the way they have picked up representatives of 28 U.S. railroads.

Subsequent to activation, 708th personnel received basic military and technical training in Louisiana during the summer of 1943.

Staging for overseas movement took place at Camp Shanks, N.Y., in September 1943. On Sept., 20th the outfit sailed out of New York harbor on the Queen Mary

(Continued On Page Five)

"General Gray's Gull", a captured German locomotive of the condenser type, is dedicated to the MRS Director General at dedication ceremonies at Kassel, Germany, as members of the 757th Ry Shop Bn. look on. On the stand, left to right, are: General Gray, Col. William B. Carr, 708th CO, and Lt. Col. John W. Moe, commanding officer of the 757th. Pleased with the name, the General said his only disappointment was that the engine has one of those high shrill European whistles, instead of the throaty American type !

BRITISH MILITARY DECORATIONS RECEIVED BY GENERAL GRAY AND LT. COL. McLELLAN

Honorary Commander, Order of the British Empire, Military Division, is the newest decoration received by Brig. Gen. Carl. R. Gray, Jr., in recognition of his service as head of the Military Railway Service.

Membership in the Order also was bestowed on Lt. Col. Jesse F. McLellan, of the GHQ Transportation Section. Both

awards were for service in Italy.

The presentation was made by Lt. Gen. Sir Humfrey M. Gale, on May 14th, at his office in Paris.

Read General Gray's citation : "The repair of railroads in Italy and the organization of traffic on them were among the most important governing factors limiting the pace of the Allied advance. General Gray brought to this task first-class ability, wide experience and great

(Continued On Page Six)

"CAMEL" LOCOMOTIVE LIKED BY G.I. CREWS

By Cpl. George Force

Rapidly capturing the fancy of MRS soldier railroaders in Germany is a new type condenser locomotive, which is capable of traveling as much as 600 miles without taking water.

Designed by Henschel & Sohn, one of the foremost locomotive works in Germany the condenser engine has been dubbed the "camel" because of its ability to go such long distances and for long periods of time without a drink.

The operational principal, in a nutshell, is surprisingly simple. The exhaust steam, instead of passing up the stack to be lost in the outer air, is conducted back to a turbine on the tender.

A Complete Circuit

Fans operated by the steam exhaust turbine draw a continuous stream of air through cooling elements, which condense the steam under pressure. This condensed moisture is, by means of pumps, fed into the boiler again, forming a complete circuit.

The first locomotive of this type was delivered to the government of Argentina back in 1923, with an iron-clad guarantee that it would cover 350 miles without necessity of replenishing the water supply. It more than fulfilled all expectations, according to reports, covering some 350 miles and running continuously for 60 hours on the same tender of water. Thus the design has taken on special value as a contribution to railroad motive power in countries where water is scarce, or of very bad quality.

Fuel Factor Secondary

Fuel economy was regarded to be of less importance than the factor of water consumption in designing the "camel" locomotive. Reduced boiler maintenance costs were noted as an added advantage. It was found there was very little leakage because of the favorable drop in temperature between the steam to be condensed, and the outside air used as a cooling medium.

MRS railroaders were impressed by tests made of captured condenser type engines, and subsequent performance in actual road service has proved more than satisfactory, they say.

Among the first to investigate the possibilities of the locomotive was the 757th Ry Shop Bn. Engine crews don't need any special training to run the "camel", they find. And what's more, they are relieved of the task of adding water at short intervals, as is necessary with the ordinary steam locomotive.

Comments from 757th railroaders have been good — yes, even enthusiastic. Said Lt. Col. John W. Moe, CO of the shop outfit: "It is a very practical lo-

(Continued On Page Two)

---

5   Der „Yankee Boomer" war eine Truppenzeitschrift des USATC.

„KAMEL"-LOKOMOTIVE BEI G.I.[6]-BESATZUNGEN BELIEBT[7]

Von Cpl.[8] George Moroz

Eine Kondensatorlokomotive eines neuen Typs, die bis zu 660 Meilen [*1062 km*] ohne Wassernehmen zurücklegen kann, erobert schnell die Gunst der MRS[9]-Soldaten in Deutschland.

Entworfen von Henschel & Sohn, einem der führenden Lokomotivwerke in Deutschland, wurde die Kondensatorlokomotive als „Kamel" bezeichnet, weil sie so lange Strecken und über lange Zeiträume ohne Wasser zu nehmen zurücklegen kann.

Das Funktionsprinzip ist, kurz gesagt, überraschend einfach. Anstatt den Abdampf durch den Schornstein zu entlassen, um dann in der Außenluft verloren zu gehen, wird dieser zurück zu einer Turbine auf dem Tender geleitet.

Ein geschlossener Kreislauf

Von einer Abdampfturbine betriebene Ventilatoren fördern einen kontinuierlichen Luftstrom durch Kühlelemente, die den Dampf unter Druck kondensieren. Dieser kondensierte Wasserdampf wird mit Hilfe von Pumpen wieder in den Kessel geleitet und bildet so einen geschlossenen Kreislauf.

Die erste Lokomotive dieses Typs wurde bereits 1923 an die argentinische Regierung geliefert, mit einer festen Zusicherung, dass sie 350 Meilen [*563 km*] zurücklegen kann, ohne dass die Wasservorräte wieder aufgefüllt werden müssen. Berichten zufolge hat sie alle Erwartungen mehr als erfüllt, da sie etwa 350 Meilen zurücklegte und 60 Stunden lang ununterbrochen mit dem gleichen Wasservorrat fuhr. Damit hat

---

[6] G.I. ist eine Abkürzung zur Bezeichnung von Soldaten der US Army und von Fliegern der US Air Force. Eine Reihe von Ausrüstungsgegenständen der Soldaten trugen den Aufdruck „GI". Der Herkunft der Abkürzung wird unterschiedlich gedeutet: "Government Issue" (Regierungsausrüstung), "General Issue" (Allgemeine Ausrüstung) oder "Ground Infantry" (Bodentruppen). Nach dem Zweiten Weltkrieg entwickelte sich der Begriff zum Synonym der Angehörigen der in Deutschland stationierten US-Truppen. (Wikipedia02)

[7] siehe auch (RA01, 1945)

[8] Corporal (entspricht: Stabsgefreiter, Korporal). (Wikipedia03)

[9] **M**ilitary **R**ailroad **S**ervice (Eisenbahntruppen). Der MRS war Teil der Heereslogistik der US Army und gliederte sich im 2. Weltkrieg in zwei Einheiten: der 1. MRS (Mittelmeerraum mit Italien, Nordafrika und Südfrankreich als Haupteinsatzgebiete) und der 2. MRS (Nordfrankreich und Deutschland). Eine weitere MRS wickelte die Lieferungen an die UdSSR durch den Iran ab. Im Laufe des Zweiten Weltkrieges wurden Umorganisationen vorgenommen. (Wikipedia04)

die Konstruktion einen besonderen Wert als Beitrag zur Bahnbetriebsleistung in Ländern, in denen Wasser knapp oder nur von sehr schlechter Qualität ist.

Brennstoff-Faktor sekundär

Bei der Konstruktion der „Kamel"-Lokomotive wurde dem Kohleverbrauch weniger Bedeutung beigemessen als dem Faktor des Wasserverbrauchs. Geringere Kesselwartungskosten wurden als zusätzlicher Vorteil angeführt. Es wurde festgestellt, dass es aufgrund des günstigen Temperaturabfalls zwischen dem zu kondensierenden Dampf und der als Kühlmedium verwendeten Außenluft nur sehr geringe Leckagen gab.

MRS-Eisenbahner waren beeindruckt von den Tests, die mit den Kondenslokomotiven durchgeführt wurden. Die spätere Leistung im tatsächlichen Einsatz auf der Schiene habe sich als mehr als zufriedenstellend erwiesen, sagten sie.

Zu den ersten, die die Möglichkeiten der Lokomotive untersuchten, gehörte das 757th Ry. Shop Bn.[11]. Lokomotivbesatzungen bräuchten keine spezielle Ausbildung, um das „Kamel" zu betreiben, sagten sie. Außerdem brauchen sie nicht in kurzen Abständen Wasser nachzufüllen, wie es bei einer gewöhnlichen Dampflokomotive notwendig

„General Grays Möwe", eine erbeutete deutsche Lokomotive des Kondensatortyps, wird dem MRS-Generaldirektor bei den Einweihungsfeierlichkeiten in Kassel, Deutschland, gewidmet, während Mitglieder der 757th Ry. Shop Bn.[11] als Zuschauer zugegen sind. Auf dem Podium, von links nach rechts: General Gray, Oberst William S. Carr, 708th [10] CO[13] und Lt. Col.[12] John W. Moe, kommandierender Offizier der 757th. Erfreut über den Namen, sagte der General, sein einziger Verdruss sei, dass die Lokomotive eine dieser hohen schrillen europäischen Pfeifen hat, statt eine unserer rauen, amerikanischen.

---

[10] Diese Einheit wurde von der Baltimore and Ohio Railroad unterstützt. (Wikipedia04). Zur Geschichte der Einheit, vgl. (Gregory, et al., 1947).

[11] **Railway Shop Ba**talion (Eisenbahninstandsetzungsbataillon). Das 757th Ry. Shop Bn. war 1945 mit der Instandsetzung der Henschel-Werke in Kassel und dort mit dem Bau von Lokomotiven betraut. (RA02, 1945) Die Einheit wurde von der Chicago, Milwaukee, St. Paul and Pacific Railroad unterstützt. (Wikipedia04)

Col. Carr, links, und General Gray begutachten den amerikanischen Schienenräumer und die Scheinwerfer, die vom 757th Ry Shop Bn an der "Gull" angebracht wurden.[15]

ist.

Die Kommentare der 757.-Eisenbahner waren gut – ja, sogar enthusiastisch.

Lt. Col.[12] John W. Moe, CO[13] der Werkstattausrüstung, sagte: „Es ist eine sehr praktische Lokomotive, die die Schwierigkeiten bei der Feuerbüchse und beim Schornstein auf ein Minimum reduziert."

Captain Charles Smith, Executive Officer[14] , beschrieb sie als „eine feine, robuste Lokomotive, die die Kosten für die Kesselwartung senkt".

Von Staff Sergeant[16] Nick Mundi, der für die Montagecrew verantwortlich ist, die die Lokomotive zusammengebaut hat, wurde hinzugefügt: „Es ist eine richtige Sensation, und ich glaube wirklich, dass sie alles übertrifft, was wir haben."

Corporal[8] Edward Ocana bestätigte diese Ansicht mit der Erklärung, dass „sie unserem Material in jeder Hinsicht überlegen ist".

Von den Deutschen als Mittel zur Stärkung ihrer angeschlagenen Verbindungslinien gedacht, trägt das „Kamel" nun dazu bei, den G.I. -Eisenbahnern des Militär-Eisenbahndienstes einen Großteil der Wasserprobleme zu nehmen.

Eine der erbeuteten Kondensatorlokomotiven wurde auf den Namen „General Grays Möwe" getauft und dem Generaldirektor bei einer Zeremonie am 23. Mai [1945] in Kassel, Deutschland, überreicht.

Die Einweihung wurde von Colonel[17] William S. Carr, CO der 708th Railway Grand Division[10], und Lt. Col. Moe vorgenommen. Colonel Carr ist bei der New

---

[12] Lieutenant Colonel (entspricht: Oberstleutnant) (Wikipedia03)
[13] Commanding Officer (befehlshabender Offizier) (Wikipedia05)
[14] Executive Officer (XO) (ausführender Offizier) (Wikipedia06).
[15] 52 1960 (Hersteller: Henschel & Son GmbH → Baujahr: 1944 → erste Bahngesellschaft: Deutsche Reichsbahn → Erststationierung: RBD Berlin → 1945: Deutsche Reichsbahn (West) → 1949 DB → +: Kirchweyhe, 1954. Der Präfix „L" wurde von den US Truppen angebracht und wird unterschiedlich hergeleitet: „Levy" (Abgabe) oder „Loot" (Beute).
[16] Staff Sergeant (entspricht: Feldwebel, Oberfeldwebel) (Wikipedia03)
[17] Colonel (entspricht: Oberst) (Wikipedia03)

Haven Railroad[18] beschäftigt und wohnt in ██████████████████████[19]. Lt. Col. Moe war ein Angestellter des CMStP&P[20]. Sein Wohnort ist ████████████ ██████████████[19].

Das Personal der 757th war Zeuge der Zeremonie, an der General Gray und eine Inspektionsgruppe teilnahmen.[21]

---

[18] Die New York, New Haven and Hartford Railroad (NH), auch The Consolidated oder New Haven genannt, war eine US-Eisenbahngesellschaft, die von 1872 bis 1968 ein Streckennetz in den Neu-England-Staaten der USA betrieben. (Wikipedia07)

[19] Privatadresse durch den Übersetzer geschwärzt.

[20] Die **C**hicago, **M**ilwaukee, **St**. **P**aul and **P**acific Railroad (CMStP&P), auch "Milwaukee Road", war eine US-Eisenbahngesellschaft, die von 1847 bis 1986 ein Streckennetz im Mittleren Westen und im Nordwesten der USA betrieb. (Wikipedia08)

[21] Siehe auch (MM, 1945) mit einem weiteren Foto der Lokomotive.

3 Die Fort Eustis Unterlagen

3.1 Inhalt

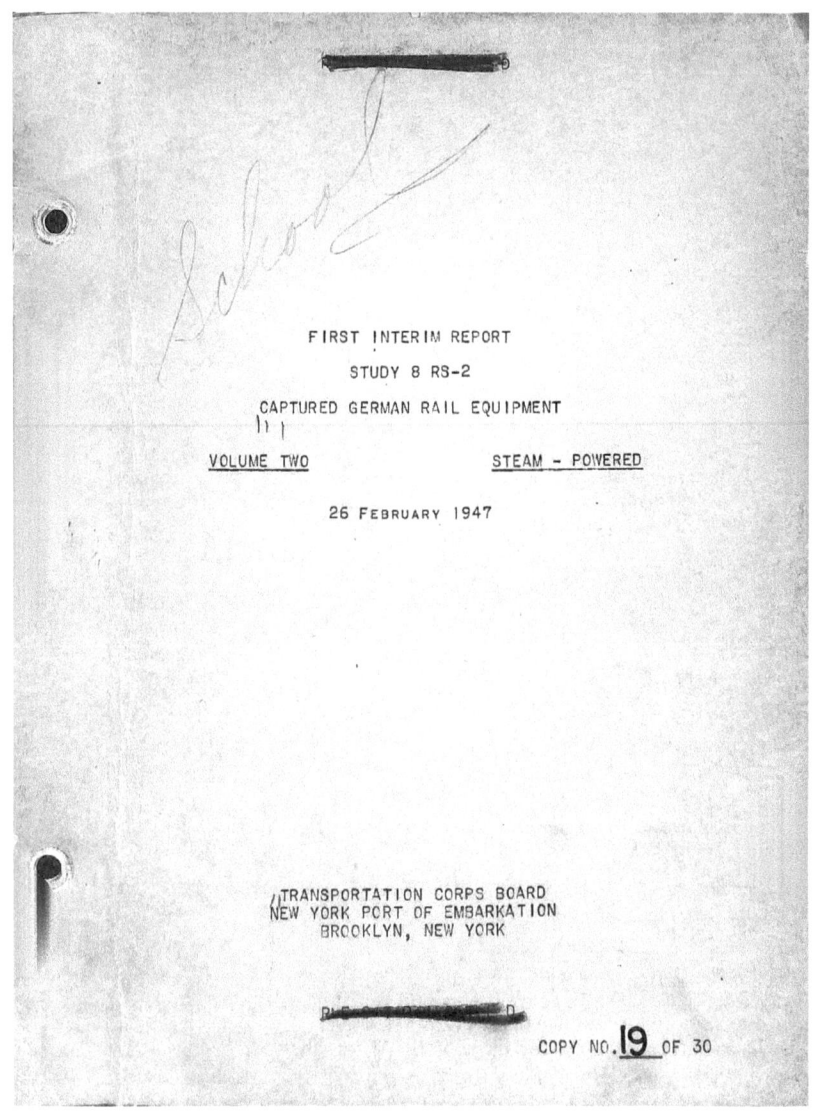

FIRST INTERIM REPORT

STUDY 8 RS-2

CAPTURED GERMAN RAIL EQUIPMENT

VOLUME TWO   STEAM - POWERED

26 FEBRUARY 1947

TRANSPORTATION CORPS BOARD
NEW YORK PORT OF EMBARKATION
BROOKLYN, NEW YORK

COPY NO. 19 OF 30

ERSTER ZWISCHENBERICHT

STUDIE   8   RS-2

ERBEUTETES DEUTSCHES EISENBAHNMATERIAL

__BAND ZWEI__   __DAMPFBETRIEBEN__

26. FEBRUAR 1947

DIREKTION DES TRANSPORT KORPS
NEW YORK PORT OF EMBARKATION[22]
BROOKLYN, NEW YORK

---

[22] Der New York Port of Embarkation (NYPOE) war ein Kommando der US-Armee, das für den Transport von Truppen und Nachschub aus den Vereinigten Staaten zu den Kommandos in Übersee zuständig war. Im Zweiten Weltkrieg unterstand das NYPOE dem Transport Korps und war das größte von acht Einschiffungshafenkommandos. (Wikipedia09)

DIREKTION DES TRANSPORT KORPS
NEW YORK PORT OF EMBARKATION

27. FEBRUAR 1947

DIESER BERICHT UMFASST DIE TÄTIGKEITEN DER DIREKTION DES
TRANSPORT KORPS GEMÄß MEMORANDUM
400-5-2, KRIEGSMINISTERIUM[23], 18. SEPTEMBER 1946.

FÜR DEN PRÄSIDENTEN DES AUSSCHUSSES:

JAMES GLORE
COLONEL, TC[24]
LEITER

---

[23] United States Department of War, siehe (Wikipedia10)
[24] Transportation Corps (Transport Korps)

VERTEILER

DIREKTION DES TRANSPORT KORPS

DIREKTION DES TRANSPORT KORPS   - 18

BÜRO DES TRANSPORTCHEFS

CHEF DER TRANSPORTABTEILUNG   - 1
ABTEILUNG FORSCHUNG & ENTWICKLUNG   - 2
ABTEILUNG PLANUNG & AUFKLÄRUNG   - 2
ABTEILUNG AUSBILDUNG & ORGANISATION   - 1
ABTEILUNG MILITÄRISCHER EISENBAHNDIENST   - 1

TRANSPORT KORPS

AUSBILDUNGSZENTRUM DES TRANSPORTWESENS   - 2

KRIEGSMINISTERIUM GS[25]

DIREKTOR FÜR FORSCHUNG UND ENTWICKLUNG   - 2

---

[25] **G**eneral **S**taff (Generalstab)

Vor der Einstellung der Feindseligkeiten im europäischen Einsatzgebiet wurde ein „Transportation Corps Enemy Equipment Intelligence Service Team" aktiviert, um Informationen und Ausrüstung zu sichern, die für das Transport Korps von Wert sein könnten.

Am 31. Mai 1945 traf der Generaldirektor des MRS, ETO[26], Vorkehrungen, um die von diesem Team gesammelten Objekte dem Präsidenten der Direktion des Transport Korps in Fort Monroe, Virginia, zu senden.

Nach der Ankunft in den Vereinigten Staaten[27] wurde diese Ausrüstung auf Anweisung des Transportchefs vom 5. bis 9. März 1946 in Fort Monroe, Virginia, zur Inspektion durch Regierungsbeamte und die amerikanische Industrie ausgestellt.[28]

Das betreffende Gerät befindet sich gegenwärtig in Camp Patrick Henry, Virginia, zur weiteren Untersuchung und Prüfung durch das Transport Korps und der amerikanischen Industrie.

Die Befugnis für die Studie 8 RS-2 der Direktion des Transport Korps ist im Schreiben vom 22. März 1946, Akte SPTMR, enthalten. Betreff: „Beauftragung der Untersuchung von erbeutetem feindlichen (deutschen) Eisenbahnmaterial" vom Büro des Chefs des Transportwesens an den Präsidenten des Transport Korps.

---

[26] European Theater of Operations (Europäisches Einsatzgebiet)
[27] Über den Anlandehafen gibt es unterschiedliche Angaben: (Keil, et al., 2020) geben an: Newport News/VA, während (Gottwaldt, 1967) Ft. Monroe als ersten Aufenthaltsort angibt. Erstere ist zumindest für 19 1001 belegt (siehe Kap. 3.4).
[28] siehe auch (RA03, 1946) und (RA04, 1946)

ERSTER ZWISCHENBERICHT
8 RS-2

BAND EINS – DIESELBETRIEBEN

TITEL

TEIL I   LOKOMOTIVE, DIESEL-HYDRAULISCH, SPURWEITE 56½ ZOLL, ACHSFOLGE 0-6-0, 40/44 TONNEN, NR. L-21339[29]

TEIL II   DREITEILIGER DIESEL-ELEKTRISCHER REISEZUG[30]

BAND ZWEI – DAMPFBETRIEBEN

TEIL I   LOKOMOTIVE, NR. 52-2006, KONDENSIEREND, NORMALSPUR, ACHSFOLGE 2-10-0, BAUREIHE 52

TEIL II   LOKOMOTIVE, ACHTZYLINDER, EINZELACHSANTRIEB, NORMALSPUR, ACHSFOLGE 2-8-2, NR. L 19-1001

TEIL III   LOKOMOTIVE, NR. L 42-1597, NORMALSPUR, ACHSFOLGE 2-10-0, BAUREIHE 42

TEIL IV   LOKOMOTIVE NR. L 52-3674, NORMALSPUR, ACHSFOLGE 2-10-0, BAUREIHE 52

TEIL V   LOKOMOTIVE, SEITLICHE WASSERTANKS, SPURWEITE 29⅝ ZOLL, ACHSFOLGE 0-6-0

BAND DREI – ROLLENDES MATERIAL[31]

TEIL I   KESSELWAGEN, NORMALSPUR, 16,645 GALLONEN, NR. 941236

TEIL II   WAGEN, FLACH, 90 TONS, NR. 60597

TEIL III   GEDECKTER GÜTERWAGEN, NR. X33881 UND HOCHBORDWAGEN, NR. X44646

TEIL IV   GÜTERWAGEN, VIERRÄDRIG, LICHTBOGEN GESCHWEIßT

BAND VIER – SIGNALANLAGEN[31]

TEIL I   STELLWERKSANLAGE

TEIL II   ELEKTRISCH BETRIEBENE WEICHENSTELLANLAGE

---

[29] Es handelt sich um eine Lokomotive der Baureihe WR 360 C 14 mit unbekannter Nummer. Hersteller: Maschinenbau und Bahnbedarf AG vorm. Orenstein & Koppel → Baujahr 1939 → erste Bahngesellschaft: vermutlich Oberkommando der Heeres → Erststationierung: unbekannt → 1945: USATC L-21339 → +: Fort Eustis/USA 1952. (Paulsen)

[30] Schnelltriebwagen Bauart „Köln" SVT 137 274 (Wikipedia11)

[31] Zuordnungen, siehe Abbildungen

INHALT

BAND ZWEI

TEIL EINS

LOKOMOTIVE NR. 52-2006[32], KONDENSIEREND, NORMALSPUR, ACHSFOLGE 2-10-0, BAUREIHE 52

---

[32] 52 2006 (Hersteller: Henschel & Sohn GmbH → Baujahr: 1944 → erste Bahngesellschaft: Deutsche Reichsbahn → Erststationierung: RBD Berlin → 1945: Deutsche Reichsbahn (West) → 1945: USATC → +: Fort Eustis/USA, 1952).

[33] Die hier aufgeführten Seitenzahlen beziehen sich auf den Originalbericht und sind aus Dokumentationsgründen aufgeführt.

INHALT

BAND ZWEI

TEIL ZWEI

ACHTZYLINDER, EINZELACHSANTRIEB, NORMALSPUR, LOKOMOTIVE NR. L 19-1001[34], ACHSFOLGE 2-8-2

---

[34] 19 1001 (Hersteller: Henschel & Sohn GmbH → Baujahr: 1941 → erste Bahngesellschaft: Deutsche Reichsbahn → Erststationierung: LVA Grunewald → 1945: USATC → +: Fort Eustis/USA, 1952). (Fliege) Der Präfix „L" wurde von den US Truppen angebracht und wird unterschiedlich hergeleitet: **L**evy (Abgabe) oder **L**oot (Beute).
Zum Zustand der 19 1001 bei Kriegsende und vor dem Transport in die USA, siehe (RA05, 1945).

INHALT

BAND ZWEI

TEIL DREI

LOKOMOTIVE NR. L 42-1597[35], NORMALSPUR, ACHSFOLGE 2-10-0, BAU-REIHE 42

---

[35] 42 1597 (Hersteller: Maschinenfabrik Esslingen → Baujahr: 1945 → erste Bahngesellschaft: Deutsche Reichsbahn West → Erststationierung: RBD Stuttgart → 1945: USATC → +: Fort Eustis/USA, 1952). (Fliege) Der Präfix „L" wurde von den US Truppen angebracht und wird unterschiedlich hergeleitet: **L**evy (Abgabe) oder **L**oot (Beute).

INHALT

BAND ZWEI

TEIL VIER

LOKOMOTIVE NR. L 52-3674[36], NORMALSPUR, ACHSFOLGE 2-10-0, BAUREIHE 52

---

[36] 52 3674 (Hersteller: Pierwsza Fabryka Lokomotyw w Polsce S.A. → Baujahr: 1943 → erste Bahngesellschaft: Deutsche Reichsbahn → Erststationierung: RBD Oppeln → 1945: USATC → +: Fort Eustis/USA, 1952). (Fliege) Der Präfix „L" wurde von den US Truppen angebracht und wird unterschiedlich hergeleitet: **L**evy (Abgabe) oder **L**oot (Beute).

INHALT

BAND ZWEI

TEIL FÜNF

LOKOMOTIVE, SEITLICHE WASSERTANKS, SPURWEITE 29⅝ ZOLL, ACHS-FOLGE 0-6-0[37]

---

[37] HF 110 C 10136 (Spurweite 750 mm) (Hersteller: Arnold Jung Lokomotivfabrik GmbH → Baujahr: 1945 → erste Bahngesellschaft: Oberkommando des Heeres → Erststationierung: unbekannt → 1945: USATC → +: Fort Eustis/USA, 1952). Die Baunummer 10136 war die letzte im Krieg fertiggestellte Lok (Ablieferung: 12.2.1945) (Lauscher, et al., 2014), Seite 125f. Siehe auch (Wikipedia12) und (Gottwaldt, 2018), Seite 34ff.

3.2   Fotos überführter Fahrzeuge[38]

[*SVT 137 274*]

[*19 1001*][39]

---

[38]   Weitere Fotos insbesondere von der Ausstellung in Ft. Monroe, siehe (Keil, et al., 2020), (Dixon), (Virginia Tech)

[39]   Das Balkenkreuz unterhalb des Windleitbleches wurde nachträglich von den US-Truppen angebracht. Dieses Symbol wurde bei der Luftwaffe sowie den Panzertruppen der Wehrmacht verwendet. Eine Verwendung bei Lokomotiven ist nur von einigen Lokomotiven der Panzerzüge bekannt. Ebenfalls sind Radreifen und Pufferteller von den US-Truppen weiß gestrichen worden.

[*52-2006*][40]

[*42 1597*][41]

---

[40] Die Beschriftung „Au" auf der Rauchkammertür ist die Abkürzung für das Betriebswerks Aulendorf. Diese Vorge-
      hensweise war ab 1944 bei der Reichsbahn üblich und sollte das Heimatsbetriebswerk kennzeichnen. (Diener,
      2012), Seite 141. Ob die Lok wirklich dort stationiert war, ist bisher nicht bekannt. Zum Balkenkreuz, siehe Fußnote
      39. Man beachte, dass die Bezeichnung „Au" vor dem Transport in die USA nicht vorhanden war (siehe Abbildung
      Seite 11) und die Rauchkammertür seinerzeit auch die Loknummer trug, die jetzt nicht mehr vorhanden ist.
      Die weißen Anstriche der Umlaufblechkanten, der Radreifen und der Pufferteller wurden nachträglich durch US-
      Truppen angebracht. Weitere Fotos, siehe auch (Schmidt)

[41] Zum Balkenkreuz, siehe Fußnote 39. Die weißen Anstriche der Umlaufblechkanten, Radreifen und Pufferteller sind

[*52 3674*][42]

[*Nr. X 941 238 P (63m³-Kesselwagen der Wehrmacht)*]

nachträglich durch US-Truppen angebracht.

[42] Zum Balkenkreuz, siehe Fußnote 39. Auch hier wurden durch US-Truppen die Radreifen, die Kanten der Umlauf-bleche sowie die Pufferteller weiß gestrichen.

[HF 110 C 10136][43]

[v.l.n.r.: Gedeckter Güterwagen X 33 881 (Gl(reh)s Dresden); Hochbordwagen X 44 646 (Omm(r)u Villach); Niederbordwagen 60 597 (SSyms Köln); danach folgt X 941 238 P][44]

---

[43] Man beachte das Signet der USATC auf dem Tender. Später war die Lok noch einige Zeit als Denkmal in Ft. Eustis ausgestellt. (McLean)

[44] Die Pufferteller wurden durch US-Truppen weiß gestrichen.

[*Stellwerkwagen 300 029 (ex MCi-43) Beschriftung „Stellwerk Königs-berg 1E", „Signalwerkstatt Königsberg"*]

3.3   Teil I (52 2006)

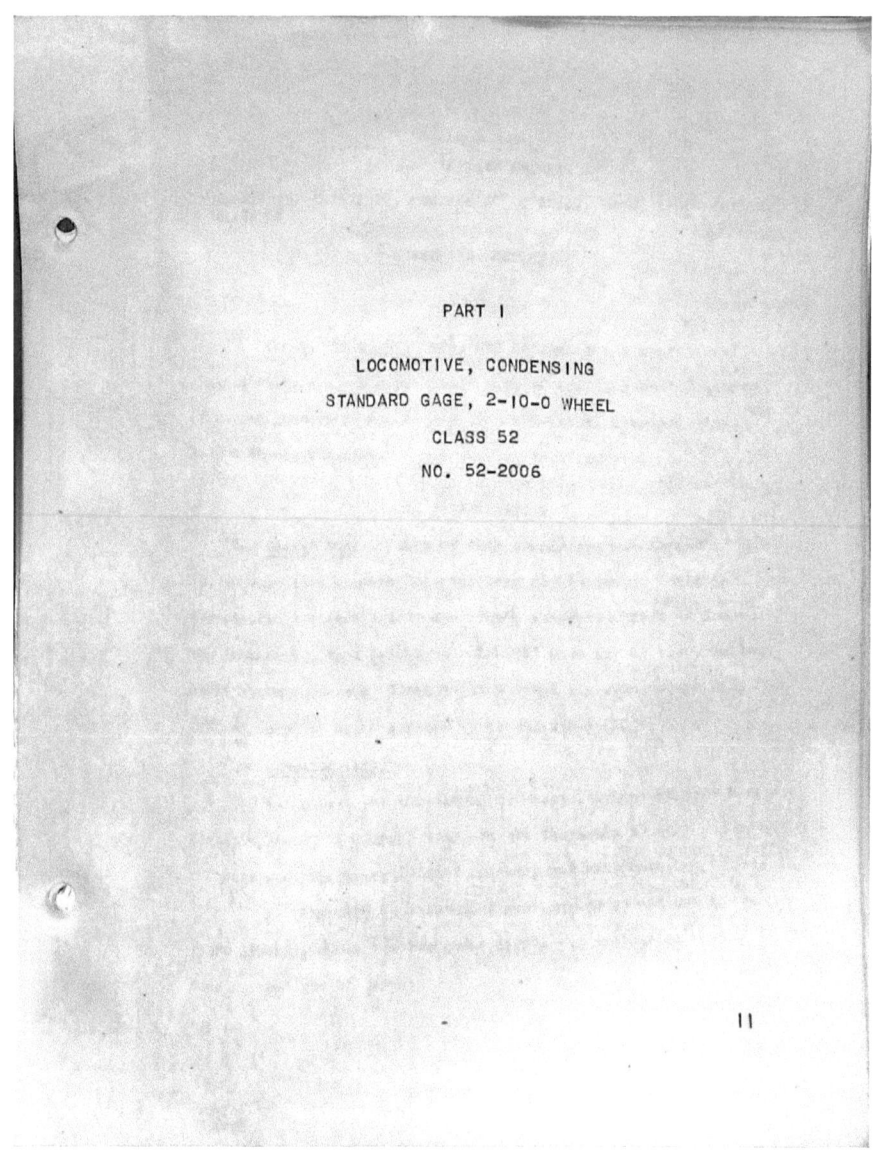

PART I

LOCOMOTIVE, CONDENSING
STANDARD GAGE, 2-10-0 WHEEL
CLASS 52
NO. 52-2006

II

TEIL I

LOKOMOTIVE, KONDENSIEREND

NORMALSPUR, ACHSFOLGE 2-10-0

BAUREIHE 52

NR. 52-2006

Teil I

ERSTER ZWISCHENBERICHT:

LOKOMOTIVE NR. L 52-2006, KONDENSIEREND, NORMALSPUR, ACHSFOLGE 2-10-0, BAUREIHE 52[45]

TECHNISCHE UNTERSUCHUNG

I. THEMA

1. Zweck: Untersuchung, Prüfung und Bestimmung der Betriebseigenschaften und der Eignung zur Übernahme der bestmöglichen Merkmale der deutschen Lokomotive Nr. L 52-2006, kondensierend, Normalspur, Achsfolge 2-10-0, Baureihe 52.

II. UNTERSUCHUNG

2. Hintergrund: Ein Test dieser Lokomotive wurde am 19. und 20. Juni 1945 zwischen Untertürkheim und Augsburg durchgeführt. Darüber wird in einem Schreiben vom 30. Juni 1945 vom 1. MRS, Hauptquartier, 704th Railway Grand Divisions[46], Kommandant, berichtet: „Prüfung der Kondensationslokomotive, Typ 2-10-0, Nr. 52-2006". Eine Kopie davon befindet sich in Anhang B-l (2C).

3. Untersuchung
a. Während der Ausstellung dieses Gegenstandes in Fort Monroe, Virginia am 6., 7. und 8. März 1946 wurde es von Armee- und Marineoffizieren sowie Vertretern der Industrie und der Eisenbahn inspiziert.
b. Die betreffende Lokomotive wurde angeheizt und fuhr während der Ausstellung eine kurze Strecke aus eigener Kraft, aber ein Fahrtest wurde nicht durchgeführt.
c. Herr Lawford H. Fry, Forschungsdirektor des Steam Locomotive Research Institute, Inc.[47], der an der Ausstellung teilnahm, bekundete Interesse an dem

---

[45] Siehe auch (RA06, 1945)

[46] Diese Einheit wird von der Great Northern Railway unterstützt (Wikipedia04). Zur Geschichte dieser Einheit, siehe (Parks, et al., 1945)

[47] Zu L. H. Fry, siehe (Jones); Steam Locomotive Research Institute, Inc. (Forschungsinstitut für Dampflokomotiven, New York)

vorgeschlagenen Programm für Tests der dampfbetriebenen Ausrüstungen (Anhang B-2 (2C)).

d. In einem Brief vom 19. April 1946 von Herrn C. H. Sundberg, Sekretär des Steam Locomotive Research Institute, Inc. an die Army Service Forces[48], OCT[49], wurde mitgeteilt, dass das Institut diese Lokomotive oder andere Lokomotiven in der Ausstellung nicht als geeignet für den Einsatz bei der US-Armee oder in der Industrie betrachte (Anlage B-3 (2C)).

e. Im Schreiben vom 13. Juni 1946, Akte TCRAD 400.112 des Leiters der Abteilung Forschung und Entwicklung, OTC[49], an den leitenden Offizier der Direktion des Transport Korps, Thema: "Nutzung von deutschen Eisenbahn-Prüfeinrichtungen" erklärte dieser, dass zusätzliche Informationen von Herrn Witte, Chefingenieur, Deutsche Reichsbahn, eingeholt werden sollten, und dass die zusätzliche Ausrüstung aus Übersee hierher überführt werden sollte (Anlage B-4) (2C).

f. Am 17. Juni 1946 wurde ein spezieller Unterausschuss (des beratenden Ausschusses der AAR[50]) zur Untersuchung der deutschen Eisenbahnausrüstung gebildet, und eine Kopie ihres Berichts erscheint in Anhang B-5 (2C).

g. Fotografien der Ausrüstung wurden vom U.S. Army Signal Corps[51] angefertigt und vom Transport Korps der Industrie zur Verfügung gestellt, um deren Interesse zu wecken. Exemplare sind diesem Bericht beigefügt.

h. Eine Reihe von Zeichnungen (Abb. 24 bis einschließlich 44), die eine Lokomotive des Kondensationstyps beschreiben, erscheinen in Anhang B.

i. Die folgenden Lokomotivdaten und die Kurzbeschreibung dieser Lokomotive wurden aus Berichten der 708th Railway Grand Division, U.S. Army, Military Railway Service und aus einer Durchsicht einschlägiger Drucke, Messungen, Berechnungen und Inspektionen in Camp Patrick Henry, Virginia, zusammengestellt.

---

[48] Das USATC wurde nach dem Krieg in die US Army Service Force (Heeresdiensttruppe der Vereinigten Staaten) eingegliedert.

[49] **O**ffice of **C**ommunity **T**ransportation (Amt für Transportwesen)

[50] The **A**ssociation of **A**merican **R**ailroads (Verband amerikanischer Eisenbahnen) (AAR)

[51] **U**.**S**. **A**rmy **S**ignal **C**orps (Fernmeldetruppe der US-Army)

Tabelle 1
Hauptabmessungen und Daten
Lokomotive Nr. L 52-2006

Betriebsnummer - - - - - - - - - - - - - - L 52-2006

Baureihe - - - - - - - - - - - - - - - - - - - 52

Spurweite - - - - - - - - - - - - - - - - - - 4'8½" [1.435 mm]

Typ - 2-10-0 (kondensierend)

Einsatzgebiet - - - - - - - - - - - - - - - - Güterverkehr

Brennstoff - - - - - - - - - - - - - - - - - - Steinkohle[52]

Zylinder:

    Typ - - - - - - - - - - - - - - - - - - - Kolbenschieber

    Durchmesser - - - - - - - - - - - - 23.622" [600 mm]

    Kolbenhub - - - - - - - - - - - - - 27.74" [705 mm]

    Kolbenschieberdurchmesser - 11.81" [300 mm]

    Schieberhub (voll) - - - - - - - - - 7.17" [182 mm]

    Fläche der Einströmkanäle - - - 57.35 sq.in. [370 cm²]

Kessel: Stehkessel mit flacher Decke

    Erster Schuss - - - - - - - - - - - - 68" [1.727 mm] Innendurchmesser

    Kesseldruck - - - - - - - - - - - - - 227 p.s.i. [15,7 bar]

Feuerbüchse: Stahl

    Länge - - - - - - - - - - - - - - - - - 8'3" [2,51 m]

    Breite - - - - - - - - - - - - - - - - - 5'0" [1,52 m]

Rauchrohre - - - - - - - - - - - - - - - - - 35: 5½" [140 mm] Außendurchmesser

Heizrohre - - - - - - - - - - - - - - - - - - 113: 2⅜" [60,3 mm] Außendurchmesser

---

[52] Als „soft coal" wird in den USA Steinkohle bezeichnet, im Gegensatz zu „hard coal" (Anthrazit). (Encyclopædia Britannica)

Tabelle 1 (Forts.)

Länge -	17'2½" [5.245 mm]
Laufwerk:	
Durchmesser Treibräder - - - -	55⅛" [1.400 mm]
Durchmesser Laufräder - - - - -	33½" [851 mm]
Durchmesser Tenderräder - - -	37" [940 mm]
Achsfolge:	
Kuppelachsen - - - - - - - - - - - -	21'7½" [6.591 mm]
Lokomotive - - - - - - - - - - - - -	30'2" [9.195 mm]
Tender - - - - - - - - - - - - - - - -	26'8½" [8.141 mm]
Gesamtlänge, Lok und Tender - - - -	71'6" [21.793 mm]
Gewichte:	
Treibräder (Dienstgewicht) - -	165,000 lbs. [74,8 t]
Lok (Dienstgewicht) - - - - - - -	185,680 lbs. [84,2 t]
Tender (voll) - - - - - - - - - - - - -	147,300 lbs. [66,8 t]
Gesamtdienstgewicht - - - - - -	332,980 lbs. [151,0 t]
Lok (leer) - - - - - - - - - - - - - - -	168,960 lbs. [76,6 t]
Tender (leer) - - - - - - - - - - - -	90,420 lbs. [41,0 t]
Verdampfungsflächen	
Rauchrohre - - - - - - - - - - - - - -	767.47 sq.ft. [71,3 m²]
Heizrohre - - - - - - - - - - - - - - -	973.06 sq.ft. [90,4 m²]
Feuerbüchse - - - - - - - - - - - - -	171.15 sq.ft. [15,9 m²]
Gesamt - - - - - - - - - - - - - - - - -	1911.68 sq.ft. [177,6 m²]
Überhitzerfläche - - - - - - - - - -	685.66 sq.ft. [63,7 m²]
Rostfläche - - - - - - - - - - - - - - -	41.25 sq.ft. [3,8 m²]
Nennzugkraft - - - - - - - - - - - -	50,320 lbs. [22,8 t]

Tabelle 1 (Forts.)

Adhäsionsfaktor[53] - - - - - - - - - - - -	4 zu 1
Tender:	

Typ - - - - - - - - - - - - - - - - - -	Zwei Doppelachsdrehgestelle
Kohlekasteninhalt - - - - - - - - -	19,800 lbs. [9 *t*]
Wasserkasteninhalt - - - - - - - -	3,566 gallons [13,5 *m³*]
Wasserinhalt, Kondensat-sammelkasten - - - - - - - - - - - -	886 gallons [3,4 *m³*]
Kupplungstypen - - - - - - - - - -	Haken und Schraubenkupplung
Hersteller - - - - - - - - - - - - - -	Henschel & Sohn, Kassel, Deutschland
Herstelldatum - - - - - - - - - - -	1944

---

[53] In den USA wurde für Dampflokomotiven der „Factor of Adhesion" angegeben. Es handelt sich hierbei um den Kehrwert der Reibungsziffer. (Henschel-Werke GmbH, 1960), Seite 68f; (Schwarze, et al., 1998), Seite 327ff
Die Reibungsziffer ist ein Kennwert für die Reibung zwischen Rad und Schiene. Im US-Lokomotivbau wurde ein Wert von 0,25 („Factor of Adhesion" = 4) angestrebt. Eine Lokomotive mit einem „Factor of Adhesion" von weniger als 4 wurde als anfällig für Schleudern angesehen. (Wikipedia13) .
Die Reibungsziffer ergibt sich aus der Zugkraft geteilt durch das Reibungsgewicht.

4. Beschreibung der Lokomotive

a. Diese Lokomotive wurde im August 1944 von Henschel & Sohn, Kassel, Deutschland, gebaut und ist eine Dampflokomotive vom Typ „Decapod" (2-10-0) mit einer Kondensatoranordnung im Tender zur Rückgewinnung des gesamten Abdampfes – mit Ausnahme des Abdampfes aus dem Hochdrucksicherheitsventil und den Zylinderhähnen, der in die Atmosphäre abgelassen wird (Abb. 1 bis 4).

b. Es gibt zwei Kolbenpumpen, eine auf jeder Seite der Lokomotive. Jede Pumpe hat eine maximale Kapazität von 92½ Gallonen [*350 l*] Wasser pro Minute, bei einer maximalen Temperatur von 212° F [*100° C*] und einer Geschwindigkeit von 60 vollständigen Hüben pro Minute. Jede Pumpe hat ein Kesselrückschlagventil, wobei sich beide Rückschlagventile auf der linken Seite des Kessels in der Nähe des vorderen Schornsteins knapp oberhalb der horizontalen Mittellinie des Kessels befinden. Diese Lokomotive ist mit einem Turbinengebläse ausgestattet, das mit einer Maximaldrehzahl von 4.500 Umdrehungen pro Minute (U/min) arbeitet (Abb. 5, 6). Auf dem Tender sind drei horizontale Gebläse mit 1.000 U/min montiert, die von einer Turbine (7.300 U/min) angetrieben werden (Abb. 7). Sie liefern Kühlluft zur Kondensation des Abdampfes. Vertikal auf jeder Seite des Tenders sind 5 Kühler mit Rippenrohren angeordnet (Abb. 8). Die Ventilatorlager werden durch eine Druckpumpe ölgeschmiert. Die Lokomotive ist nicht mit Zirkulationsrohren[54] ausgestattet. Der Feuerschirm wird durch Stützen in der Kesselseitenwand abgestützt.

5. Arbeitsweise

a. Der gesamte Abdampf aus den Zylindern durchläuft einen Filter zur Entfernung von Öl, gelangt durch die Blasturbine zur Kondensator-Gebläseturbine und wird dann zu den Kondensationskühlern geleitet (Abb. 8). Er tritt oben in die Kühler ein, wobei das Kondensat in eine Wanne abläuft, die zum Kondensationstank führt, der sich zwischen den Drehgestellen unterhalb des Tenderuntergestells befindet. Der Gegendruck ist sehr gering. Beide Turbinen können mit Frischdampf betrieben werden, und die Wasserpumpen können direkt aus der Frischwasserversorgung des Tenders pumpen. Frischwasser kann auch aus dem Tendertank in den Kondensationstank geleitet werden. Ventile in der Kabine steuern all diese Betriebsvarianten. Es ist auch möglich, eine Klappe aus der Abdampfleitung zwischen den beiden Turbinen

---

[54] Zirkulationsrohre sind Wasserrohre, die durch die Feuerbüchse führen und zu einer besseren Verdampfung des Wassers sorgen sollen, siehe (Clement, 2022), Fußnote 728.

zu öffnen, so dass der Abdampf nach dem Durchgang durch die Gebläseturbine in die Atmosphäre entweichen kann. Die besten Ergebnisse werden erzielt, wenn der Kondensatortank zu etwa drei Vierteln gefüllt ist (ca. 300 Gallonen [*1.136 l*]), damit kühles Frischwasser nachgefüllt werden kann, falls das Wasser im Kondensator zu heiß für die Pumpen wird. Es ist anzustreben, das Kondenswasser bei ca. 190 °F [*88 °C*] zu halten, um die maximale Kapazität der Pumpen zu erzielen. Der Heizer muss (neben dem Wasserstand des Kessels und des Kesseldrucks) die Temperatur des Kondenswassers, die Wassermenge im Kondensationstank, die Drehzahl der Blasturbine, die Drehzahlen der Gebläse, die Temperatur und den Druck des Gebläseöls sowie die Frischwassertemperatur im Tendertank überwachen. Der Lokführer muss das Triebwerk mit einer möglichst geringen Füllung betreiben, um die Dampfmenge zum Kondensator auf ein Minimum zu reduzieren.

b. Zusätzliche allgemeine Beschreibung und Daten zur Kondensatorlokomotive Henschel, erhalten von der 708th Railway Grand Division, U. S. Army Military Railway Service, siehe Anhang B-6 (2C).

ABBILDUNG 1 – KONDENSLOKOMOTIVE NR. L 52-2006. ANSICHT DER RECHTEN SEITE DER LOKOMOTIVE UND TENDER.[55]

ABBILDUNG 2 – KONDENSLOKOMOTIVE NR. L 52-2006. ANSICHT DER VORDEREN UND DER LINKEN SEITE.

---

[55] Diese und die folgenden Bildunterschriften sind wie im Original in Versalien geschrieben.

ABBILDUNG 3 – KONDENSLOKOMOTIVE NR. L 52-2006. ANSICHT DER RECHTEN SEITE.

ABBILDUNG 4 – KONDENSLOKOMOTIVE NR. L 52-2006. ANSICHT DER VORDERSEITE.

III. DISKUSSION

6. Diskussion:

a. Diese Lokomotive wurde ausdrücklich für den Einsatz an der Ostfront konzipiert. Hier reduzierten die schweren klimatischen Bedingungen die Wasserversorgung auf eine Weise, die für einen effektiven Betrieb als unzureichend angesehen wurde. Mit anderen Worten, es wurde eine Lokomotive benötigt, die von der Wasserversorgung auf der Strecke zwischen festen Stationen unabhängig war.

b. Nach Überprüfung und Untersuchung wurde festgestellt, dass diese Lokomotive (Nr. 52-2006) in ihrer Konstruktion der konventionellen Baureihe 52 ähnelte. Mit Ausnahme der Kondensationsmerkmale, die eine Anordnung mit Saugzug im Vorderteil beinhalteten. Dies scheint das einzige Unterscheidungsmerkmal von militärischer Bedeutung zu sein und kann bei der Konstruktion von militärischen Eisenbahn-Dampflokomotiven für das Transport Korps von Wert sein.

c. Es ist vorgesehen, dass die Strömungsanalysen, die von der Denver & Rio Grande Western Railroad Co.[56] an den beiden Lokomotiven der Baureihe 52 durchgeführt werden, einen Vergleich zwischen der Saugzugeinrichtung [*der 52 2006*] und des konventionellen Saugzug, bei dem dieser durch den Dampfaustritt aus dem Schornstein erzeugt wird [*wie bei 52 3674*], umfassen wird.

7. Stand dieser Studie

a. Es war bisher nicht möglich, eine Eisenbahngesellschaft ausfindig zu machen, die an dieser Kondensationslokomotive als komplette Einheit interessiert ist.

b. Wie in Absatz 7c angegeben, werden Strömungsanalysen von der Denver & Rio Grande Western Railroad Co. durchgeführt.

c. Die Lokomotive ist in betriebsfähigem Zustand, aber weitere Bedarfe dieser Studie sind zum jetzigen Zeitpunkt nicht bekannt.

d. Der prozentuale Abschluss und das geschätzte Datum des Abschlusses dieser Studie sind daher zum gegenwärtigen Zeitpunkt unbestimmt.

---

[56] Die Denver & Rio Grande Western Railroad (D&RGW), kurz Rio Grande, war eine Bahngesellschaft, die ab 1870 im Westen der USA tätig war. Sie fusionierte 1988 mit der Southern Pacific Transportation Company (SP) und 1996 mit der Union Pacific. Sitz der Gesellschaft war Denver, CO (Wikipedia14).

ABBILDUNG 5 – TURBINE DES SAUGZUGGEBLÄSES.
ANSICHT DER AUßENSEITE AM LINKEN VORDEREN ENDE DER
LOKOMOTIVE.[55]

ABBILDUNG 6 – ANSICHT DES INNENRAUMES DER
RAUCHKAMMER. DAS ROHR VOM BODEN DER RAUCH-
KAMMER FÜHRT DEN ABDAMPF VON DEN ZYLINDERN ZUM
SAUGZUGGEBLÄSE. DAS GEBLÄSEGEHÄUSE (AM OBEREN ENDE)
FÖRDERT DIE RAUCHGASE VON DER RAUCHKAMMER ZUM
SCHORNSTEIN.

ABBILDUNG 7 – HORIZONTALE VENTILATOREN. DIESE DREI VENTILATOREN, DIE OBEN AUF DEM TENDER MONTIERT SIND, LIEFERN DIE KÜHLLUFT ZUR KONDENSATION DES DAMPFES.

ABBILDUNG 8 – INNENANSICHT DES TENDERS, BLICK NACH VORN. ANSICHT DER AUßENSEITE DES WASSERTANKS UND DER KONDENSATIONSGITTER (LINKS BZW. RECHTS VOM FOTO).

ABBILDUNG 9 – ANSICHT DER ROHRLEITUNGEN, DIE DEN ABDAMPF ZU DEN KONDENSATOREN FÜHREN. OBEN AUF DEM TENDER ANGEORDNET. ANSICHT DER EINRICHTUNGEN FÜR EXPANSION UND KONTRAKTION IN JEDEM STRANG.

ABBILDUNG 10 – PLATTE AUF DEM GESCHRAUBTEN NOTAUSLASS. DIESER BEFINDET SICH AUF DER RECHTEN SEITE DES TENDERS.

3.3.1 Anhang B

ANHANG B

UNTERSUCHUNG UND DISKUSSION

CHIFFRE	EINTRAG	SEITE[33]
B-1 (2C)	Brief datiert vom 30. Juni 1945 des 1. MRS, Hauptquartier, 704th Railway Grand Division, an den Generaldirektor, 1. MRS, APO[57] 772, US Army, Thema „Test der Kondenslokomotive, Typ 2-10-0, Nr. 522006"	37
B-2 (2C)	Brief datiert vom 19. März 1946 des Steam Locomotive Research Institutes, Inc. an den CofT[58]	52
B-3 (2C)	Brief datiert vom 19. April 1946 von Steam Locomotive Research Institute, Inc. an OCT[49]	53
B-4 (2C)	Brief datiert vom 13. Juni 1946, Akte TCRAD 400.112, von OCT an Exec[59], TCB[60], Thema: „Nutzung von deutschen Eisenbahn-Prüfgeräten"	54
B-5 (2C)	Bericht des Sonder-Unterausschusses zur Untersuchung des deutschen Eisenbahnmaterials, datiert vom 17. Juni 1946	55
B-6 (2C)	Bericht des MRS, „Beschreibung von Henschel-Kondensatorlokomotiven"	59

---

[57] **A**rmy **P**ost **O**ffice (Heerespostamt)
[58] **C**hief **of T**ransportation (Chef des Transportwesens)
[59] **Exec**utive Officer (Direktor)
[60] **T**ransportation **C**orps **B**oard (Direktion des Transport Korps)

ANHANG B (Forts.)

3.3.1.1   B-1 (2C)

1. MILITARY RAILWAY SERVICE
Hauptquartier, 704th Railway Grand Division
Büro des stellvertretenden Leiters

APO 142
30. Juni 1945

Thema: Test der Kondenslokomotive, Typ 2-10-0, #522006

An: Generaldirektor, 1. MRS, APO 772, U. S. Army

1. Gemäß den mündlichen Anweisungen von Col. Diamond und Col. Okie wurde am 19. und 20. Juni ein Versuch mit der Kondensationslokomotive Nr. 522006 zwischen Unterturkheim und Augsburg und zurück durchgeführt. Der Zug „Ost Extra 522006" bestand aus 41 Waggons, davon 40 Wagen mit Ladung und 1 Dienstwagen, d. h. 915 brit. Tonnen [*930 t*] mit 84 Achsen, von denen 82 unter Last waren. Abfahrt in Unterturkheim 1014 Uhr, Ankunft in Augsburg 1454 Uhr am 19. Juni, insgesamt 115 Meilen [*185 km*] in 5 Stunden 40 Minuten mit der elektrischen Schiebelok 9303[61] von Geislingen-West nach Amstetten, eine Strecke von 5,5 Meilen [*8,8 km*] unter Verwendung von 8.200 Pfund [*3,7 t*] Kohle und 1.122 Gallonen [*4,2 m³*] Wasser.

2. Der Zug „West Extra 522006", bestehend aus 43 Waggons, alle leer, d. h. 615 brit. Tonnen [*625 t*] mit 86 Achsen, Abfahrt Augsburg 948 Uhr, Ankunft Unterürkheim 1552 Uhr am 20. Juni, insgesamt 115 Meilen [*185 km*] in 5 Stunden 4 Minuten ohne Hilfskräfte unter Verwendung von 7.750 Pfund [*3,5 t*] Kohle und 1.025 Gallonen [*3,9 m³*] Wasser.

---

[61] Möglicherweise ist damit die Lok E93 03 (193 003-1) gemeint. Diese war zu dieser Zeit in Geislingen an der Steige stationiert. (Fliege)

DATEN & BETRIEB DER LOKOMOTIVE:

> „Decapod" (2-10-0 Typ)
> Gebaut am 24. August 1944
> Kondenslokomotive
> Patent Nr. 27334-1944
>
> durch
>
> Henschel & Sohn, Kassel, Deutschland

Dampfdruck 227 lbs[62]	Zylinderdurchmesser 23.622"
Treibraddurchmesser 55.11"	Kolbenhub 25.74"
Kolbenschieberdurchmesser 11.81"	Schieberweg (voll) 7.17"
Fläche der Einströmkanäle 57.35 sq.in.	Achslast Treibräder 165,000 lbs
Lokgewicht (leer) 168,980 lbs.	Lokgewicht (voll) 185,680 lbs
Tendergewicht (leer) 90,420 lbs	Tendergewicht (geladen) 147,300 lbs
Betriebsgewicht Lok & Tender 332,980 lbs	Tender (Kohlekasteninhalt) 19,800 lbs
Tender (Wasserkasteninhalt) 3,566 gals.	Nennzugkraft 50,320 lbs
Inhalt (Kondensatsammelkasten) 886 gals.	Adhäsionsfaktor 4 zu 1

Die Lokomotive hat zwei Kolbenwasserpumpen auf jeder Seite, wobei jede Pumpe eine maximale Kapazität von 92½ Gallonen pro Minute [*350 l/min*] bei einer Wassertemperatur von bis zu 212° Fahrenheit [*100° C*] hat mit einer Pumpgeschwindigkeit von 60 vollständigen Hüben pro Minute. Es gibt eine Steuerung für jede Pumpe – beide Steuerungen befinden sich auf der linken Seite des Kessels in der Nähe des vorderen Schornsteins knapp über der horizontalen Mittellinie des Kessels. Es gibt zwei Sicherheitsventile. Nr. (1) ist auf 227 Pfund [*103 kg*] eingestellt und öffnet in die Kondensationskammer, während Nr. 2 auf 234 Pfund [*106 kg*] eingestellt ist und in die Atmosphäre öffnet. Der gesamte in der Lokomotive verwendete Dampf wird kondensiert, mit Ausnahme des Dampfes des Sicherheitsventils Nr. 2 und der Zylinderhähne. Diese Lokomotive ist mit einem Turbinengebläse mit einer Drehzahl von 4.500 U/min ausgestattet, das 40,500 Kubik Yards pro Stunde [*30.966 m³/h*] liefert. Auf dem Tender befinden sich drei horizontale Gebläse zur Kondensation des Dampfes,

---

[62] Vermutlich muss es heißen: 227 p.s.i. oder 227 lb.p.sq.in.. Einige andere Angaben weichen von denen der vorstehenden Tabelle ab.

die alle von einer Turbine angetrieben werden und deren Drehzahl soweit verringert sind, dass die Turbine bei einer maximalen Drehzahl von 7.300 U/min die Gebläse mit 1000 U/min antreibt. Vertikal auf jeder Seite des Tenders befinden sich fünf Kondensatorelemente mit jeweils 64 Kühlrippen. Es gibt einen Ölbehälter mit einem Fassungsvermögen von 69 Quarts [66 l] und einer Druckpumpe, die die Lüfterlager mit Öl versorgt.

Das Prinzip der Arbeitsweise ist wie folgt: Der gesamte Abdampf aus den Zylindern strömt durch die Saugzugturbine, dann durch die Lüfterturbine und von diesem Punkt zu den Rippen, die zu allen Kondensorelementen führen. Er tritt oben in die Kühler ein, wo er kondensiert und sich auf den Boden des Kühlers niederschlägt, der in eine Rinne läuft, die zum Kondensatsammelkasten führt. Dieser befindet sich zwischen den Drehgestellen unter dem Untergestell des Tenders. Der Abdampf aus der Luftpumpe und den Wasserpumpen wird durch einen Filter zur Entfernung von Öl geführt, und dann in die Abdampfleitung zu den Kondensatoren geleitet. Beide Turbinen können mit Frischdampf betrieben werden, und Wasserpumpen können direkt aus der Frischwasserversorgung des Tenders versorgt werden. Auch kann Frischwasser vom Tender in den Kondensatsammelkasten geleitet werden. All das kann über Ventile im Führerhaus vorgenommen werden. Es ist auch möglich, eine Platte von der Abdampfleitung zum Kondensator zwischen den beiden Turbinen zu entfernen, so dass der Abdampf nach dem Durchgang durch die Lüfterturbine in die Atmosphäre geblasen werden kann. Die besten Ergebnisse werden erzielt, wenn der Kondensatortank zu etwa drei Vierteln gefüllt ist (etwa 300 Gallonen [1.136 l]), damit Kühles Wasser aus dem Frischwassertank dem Kondensat hinzugefügt werden kann, falls dieses für die Pumpen zu heiß wird. Es ist wünschenswert, das Kondensatwasser auf etwa 190° Fahrenheit [88° C] zu halten, um die maximale Kapazität der Pumpen zu erreichen. Der Heizer muss neben dem Wasser im Kessel und dem Kesseldruck auch die Wärme des Kondenswassers, die Wassermenge im Kondensationstank, die Drehzahl der Lüfterräder, die Drehzahl des Gebläses, die Höhe des Wassers im Kondensationssammelkasten, die Temperatur und den Druck des Öls im die Kondensatorlüfter und die Temperatur des Frischwassers im Tender überwachen. Der Lokführer seinerseits muss dahingehend mitwirken und die Lok mit der kleinstmöglichen Füllung betreiben, um das Volumen des zu kondensierenden Dampfes so weit wie möglich zu reduzieren. Auf der Rückfahrt von Augsburg musste der Zug in Reichenbach für 23 Minuten anhalten, da das Wasser im Kondensatsammelkasten zu heiß war, um von den Pumpen gefördert zu werden. Das Frischwasser im Tender war zu heiß, um das kondensierte Wasser ausreichend abzukühlen. Nach dem Anhalten wurde das Frischwasser aus dem Tank direkt zu den Pumpen geleitet und das Kondensatwasser ausreichend abgekühlt, damit die Pumpen es wieder fördern konnten. In den beigefügten Berichten wurden die Messungen zwischen den Stationen wie angegeben durchgeführt und alle Instrumente gleichzeitig abgelesen. Die angezeigte Menge Kohle wurde wie dargestellt zwischen den Stationen verbraucht. Bei dieser Lokomotive gibt es keinen Gegendruckschreiber, und im Betrieb schien der Gegendruck sehr gering zu sein. Die Theorie besagt, dass Wasser, nachdem es aus Dampf kondensiert wurde, weniger Platz benötigt und dadurch ein Teilvakuum in den Kondensatoren erzeugt, wodurch der Abdampf zu den Kondensatoren gezogen und der Gegendruck überwunden wird.

Beigefügt ist ein Handbuch über die deutsche Kondensatorlokomotive sowie die Daten über die Lokomotive von der 716th [63].

Für den kommandierenden Offizier:

/s/ H. T. Ankerson / WCS[64]
H. T. ANKERSON
Major, TC
Inspektor für Eisenbahnmaterial

Anhänge:
siehe oben

---

[63] 716th Railway Operating Battalion. Diese Einheit hat vermutlich die Testfahrt von Untertürkheim nach Augsburg und zurück durchgeführt. Zur Geschichte der Einheit, siehe (N.N., 1945)

[64] /s/ = signed; **W**orkcenter **S**upervisor

HINWEIS: ENTFERNUNG: IN KILOMETER - GESCHWINDIGKEIT: IN KILOMETER
MENGE KOHLE: IN KILOGRAMM - TEMPERATUREN: IN CELSIUS

BAHNHOF	ENTFER-NUNG	ZEIT	GE-SCHW.	MAX. STEIGG.	DAMPF-DRUCK	HÖHE IM WAS-SERGLAS	KOHLE IN KG
Abfahrt: Augsburg	0	0948	60	0	15	7/8	266
Augsburg nach Gessertshaufen[65]	16,6	1010	31	0,70	12,6	1/2	231
Gessertshaufen nach Dinkelcherben[66]	13,3	1026	40	0,50	12,4	3/8	392
Dinkelcherben nach Jettingen	14,6	1101	67	0,75	14,1	7/8	105
Jettingen nach Mindelathein[67]	7,0	1109	45	0,0	13,8	3/8	126
Mindelathein nach Neu-Offingen[68]	6,4	1118 an 1129 ab	40	0,0	14,1	3/4	168
Neu-Offingen nach Gunzberg[69]	5,5	1141	35	0,45	14	1/4	266
Gunzberg nach Nersingen	12,8	1158	65	0,264	12,9	1/2	147
Nersingen nach Ulm	11,8	1222 an 1233 ab	21	0,905	15,6	1/2	539

---

[65] gemeint ist: Gessertshausen
[66] gemeint ist: Dinkelscherben
[67] gemeint ist: Mindelaltheim
[68] gemeint ist Neuoffingen
[69] gemeint ist : Günzberg

Augsburg nach Unterturkheim

DAMPFDRUCK: IN KILOGRAMM PRO QUADRATZENTIMETER[70]
WASSER: IN KUBIKMETER.

MENGE FRISCH-WASSER	% WASSER IM KON-DENSAT-KASTEN	U/min LÜFTER-TURBINE	U/min LÜFTER-RÄDER	TEMP. KON-DEN-SAT	TEMP. FRISCH-WASSER	TEMP. LÜFTER-ÖL	DRUCK LÜFTER-ÖL	% FÜL-LUNG
12	3/4	2000	3100	52	30	30	0,5	50
12	3/8	3200	4500	95	38	40	0,6	30
11,5	7/8	2500	4000	98	47	40	0,5	35
11	3/8	2400	3900	81	48	40	0,5	55
10,5	7/8	1600	2100	68	49	42	0,4	40
10,5	3/8	2400	3800	71	49	44	0,5	40
10	7/8	1900	2400	70	50	45	0,4	35
10	3/4	2100	3000	81	50	46	0,4	55
10	1/2	2900	3500	89	50	48	0,5	25

---

[70] 1 kg/cm^2 = 0,981 bar

BAHNHOF	ENTFER-NUNG	ZEIT	GE-SCHW.	MAX. STEIGG.	DAMPF-DRUCK	HÖHE IM WAS-SERGLAS	KOHLE IN KG
Ulm nach Beimerstetten	11,7	1315	69	1,54	11,5	1/4	315
Beimerstetten nach Westerstetten	5,9	1321	58	-1,0	11,9	3/4	322
Westerstetten nach Amstetten	8,9	1341 an 1348 ab	51	-1,0	14,9	3/4	42
Amstetten nach Geislingen	5,6	1359 an 1402 ab	53	-2,24	15,3	3/4	0
Geislingen nach Geislingen West	3,3	1408	57	-2,24	15,4	1/2	0
Geislingen West nach Kuchen	1,7	1410	51	-1,0	15,5	1/2	0
Kuchen nach Sussen[71]	5,7	1417	48	-1,0	14,9	1/2	56
Sussen nach Eislingen	4,2	1423	42	-1,0	16	3/8	0
Eislingen nach Goppingen[72]	4,0	1430	39	-0,92	12,9	3/4	86

---

[71] gemeint ist: Süßen
[72] gemeint ist: Göppingen

Augsburg nach Unterturkheim

MENGE FRISCH-WASSER	% WASSER IM KON-DENSAT-KASTEN	U/min LÜFTER-TURBINE	U/min LÜFTER-RÄDER	TEMP. KON-DEN-SAT	TEMP. FRISCH-WASSER	TEMP. LÜFTER-ÖL	DRUCK LÜFTER-ÖL	% FÜL-LUNG
10	3/8	2400	3600	92	50	50	0,5	55
9.5	7/8	500	900	98	50	50	0,1	55
9.5	3/4	300	400	92	50	50	0,1	60
9.5	3/4	300	400	85	50	47	0,1	60
9.5	5/8	300	400	84	50	47	0,1	60
9.5	5/8	300	400	84	50	47	0,1	60
9.5	1/2	2400	3500	80	50	45	0,5	45
9.5	3/8	500	900	80	50	45	0,1	50
9	7/8	1900	2400	78	50	45	0,3	45

BAHNHOF	ENTFER-NUNG	ZEIT	GE-SCHW.	MAX. STEIGG.	DAMPF-DRUCK	HÖHE IM WAS-SERGLAS	KOHLE IN KG
Goppingen nach Faurndau	3,0	1436	63	-0,50	14	3/4	63
Faurndau nach Uhingen	2,3	1444	61	-0,50	14,3	1/2	82
Uhingen nach Ebersbach	4,5	1453	45	-0,50	13,6	3/8	70
Ebersbach nach Reichenbach	4,6	1459	31	-0,50	14	1/4	42
Reichenbach nach Plockingen[73]	7,1	1522	41	-0,33	14,1	1/2	56
Plockingen nach Albach[74]	2,8	1531	46	-0,22	13,9	1/4	49
Albach nach Esslingen	6,1	1539	31	-0,26	14,2	3/4	42
Esslingen nach Unterturkheim[75]	6,2	1542	39	-0,41	15,4	3/4	63
Ankunft: Unterturkheim	0	15520	0	0	15,8	3/4	0

---

[73] gemeint ist: Plochingen
[74] gemeint ist: Altbach
[75] gemeint ist: Untertürkheim

Augsburg nach Unterturkheim

MENGE FRISCH-WASSER	% WASSER IM KON-DENSAT-KASTEN	U/min LÜFTER-TURBINE	U/min LÜFTER-RÄDER	TEMP. KON-DEN-SAT	TEMP. FRISCH-WASSER	TEMP. LÜFTER-ÖL	DRUCK LÜFTER-ÖL	% FÜL-LUNG
9	5/8	3400	4600	70	50	42	0,4	55
9	5/8	2800	3300	71	50	43	0,5	50
9	1/2	3100	4600	74	50	44	0,5	40
9	3/8	2900	3300	76	50	43	0,4	40
8.5	7/8	1600	2100	79	50	42	0,3	55
8.5	1/2	2400	3500	78	50	42	0,5	55
8	7/8	1500	2000	72	50	42	0,3	45
8	3/4	1700	2200	69	50	43	0,4	45
8	3/4	0	0	69	50	43	0,0	0

BAHNHOF[76]	ENTFER-NUNG	ZEIT	GE-SCHW.	MAX. STEIGG.	DAMPF-DRUCK	HÖHE IM WAS-SERGLAS	KOHLE IN KG
Abfahrt: Untertürkheim	0	1014	0	0	14	3/4	224
Untertürkheim nach Esslingen	6,2	1032 an 1035 ab	46	0,41	16	3/4	168
Esslingen nach Altbach	6,1	1044	27	0,26	13	1/2	70
Altbach nach Plochingen	2,8	1051	51	0,22	14	3/4	182
Plochingen nach Reichenbach	7,1	1058	55	0,33	15	5/8	42
Reichenbach nach Ebersbach	4,6	1103	59	0,50	13	3/8	98
Ebersbach nach Uhingen	4,5	1110	51	0,50	14	3/8	84
Uhingen nach Faurndau	2,3	1114	44	0,50	15	1/2	56
Faurndau nach Göppingen	3,0	1119	23	0,50	13	1/2	224

---

[76] In den folgenden Tabellen sind die korrekten deutschen Ortsnamen eingetragen.

Untertürkheim nach Augsburg

MENGE FRISCH-WASSER	% WASSER IM KON-DENSAT-KASTEN	U/min LÜFTER-TURBINE	U/min LÜFTER-RÄDER	TEMP. KON-DEN-SAT	TEMP. FRISCH-WASSER	TEMP. LÜFTER-ÖL	DRUCK LÜFTER-ÖL	% FÜL-LUNG
13	7/8	2100	3500	45	30	30	0,4	5
13	3/4	3200	4700	95	30	39	0,4	35
13	3/4	3100	4500	95	32	40	0,3	25
13	5/8	3100	4600	90	32	40	0,35	35
13	1/2	2900	3300	81	32	41	0,3	35
13	3/8	2500	3100	90	32	45	0,6	40
12.5	7/8	3100	4500	95	32	50	0,7	40
12.5	7/8	3000	4300	95	34	49	0,8	40
12.5	3/4	2600	2900	96	33	49	0,5	20

BAHNHOF	ENTFER-NUNG	ZEIT	GE-SCHW.	MAX. STEIGG.	DAMPF-DRUCK	HÖHE IM WAS-SERGLAS	KOHLE IN KG
Göppingen nach Eislingen	4,0	1123	40	0,92	16	3/8	164
Eislingen nach Süßen	4,2	1135	31	1,0	15,5	3/8	357
Süßen nach Kuchen	5,7	1147	28	1,0	12	¼	84
Kuchen nach Geislingen West	1,7	1154 an 1202 ab	31	1,0	15	5/8	70
Geislingen West nach Geislingen	3,3	1208	42	2,24	14	1/2	196
Geislingen nach Amstetten	5,6	1217	60	2,24	13,5	1/2	98
Amstetten nach Westerstetten	8,9	1227	31	1,0	14	1/2	136
Westerstetten nach Beimerstetten	5,9	1240 an 1256 ab	62	1,0	16	3/4	105
Beimerstetten nach Ulm	11,7	1311A	51	-1,54	15,5	3/4	231

Untertürkheim nach Augsburg

MENGE FRISCH-WASSER	% WASSER IM KON-DENSAT-KASTEN	U/min LÜFTER-TURBINE	U/min LÜFTER-RÄDER	TEMP. KON-DEN-SAT	TEMP. FRISCH-WASSER	TEMP. LÜFTER-ÖL	DRUCK LÜFTER-ÖL	% FÜL-LUNG
12.5	5/8	2700	3000	97	32	50	0,7	35
12.5	1/2	4200	6600	98	34	50	0,6	20
12.5	3/8	4100	6300	99	35	51	0,6	20
12	7/8	3300	4600	60	45	50	0,5	35
12	3/4	3800	5700	85	48	50	0,5	35
12	5/8	2700	3100	92	50	51	0,6	45
12	5/8	4200	6600	98	50	52	0,7	30
11	7/8	1700	2200	70	50	50	0,5	45
11	3/8	2600	2900	59	50	45	0,7	40

BAHNHOF	ENTFER-NUNG	ZEIT	GE-SCHW.	MAX. STEIGG.	DAMPF-DRUCK	HÖHE IM WAS-SERGLAS	KOHLE IN KG
Ulm nach Nersingen	11,8	1410	54	0,45	13,3	1/2	252
Nersingen nach Günzburg	12,8	1430	48	-0,26	14,9	5/8	154
Günzburg nach Neuoffingen	5,5	1439	61	-0,46	13,8	1/2	136
Neuoffingen nach Mindelaltheim	6,4	1447	60	0,33	14,1	3/8	196
Mindelaltheim nach Jettingen	7,0	1455	63	1,0	13,8	1/2	308
Jettingen nach Dinkelscherben	14,6	1516	59	0,59	15,4	3/8	336
Dinkelscherben nach Gessertshausen	11,3	1534	66	0,54	13,6	1/8	196
Gessertshausen nach Augsburg	16,6	1541	68	0,67	15,6	3/4	42
Ankunft: Augsburg	GESAMT 1730	1554	0	0	16	3/4	0

Untertürkheim nach Augsburg

MENGE FRISCH-WASSER	% WASSER IM KON-DENSAT-KASTEN	U/min LÜFTER-TURBINE	U/min LÜFTER-RÄDER	TEMP. KON-DEN-SAT	TEMP. FRISCH-WASSER	TEMP. LÜFTER-ÖL	DRUCK LÜFTER-ÖL	% FÜL-LUNG
10	7/8	2000	3000	80	50	45	0.4	45
10	3/4	2600	3100	78	50	42	0.7	45
10	3/8	3000	4100	75	50	45	0.5	45
9.5	7/8	3200	4500	77	50	49	0.7	45
9.5	3/4	2600	*4100	88	50	50	0.4	50
9.5	1/2	2400	3900	85	50	50	0.4	50
9.5	3/8	2700	3200	90	50	51	0.5	55
9	Voll	2900	3400	98	50	52	0.6	55
9	7/8	0	0	98	50	52	0.0	0

* Das Exemplar, von dem dies kopiert wurde, zeigte 4.00.

3.3.1.2   B-2 (2C)

STEAM LOCOMOTIVE RESEARCH INSTITUTE, INC

30 Church Street, New York 7, New York

19. März 1946

General Edmond H. Leavey,

Leiter Transportwesen

United States Army

Washington, D. C.

Sehr geehrter Herr:

Ich schreibe Ihnen im Namen der Technischen Ausschusses des Steam Locomotive Research Institute, Inc. und teile Ihnen mit, dass wir an den Tests, die Sie mit den vor kurzem in Fort Monroe ausgestellten, erbeuteten deutschen Lokomotiven durchführen wollen, sehr interessiert sind. Der Verfasser begutachtete diese Maschinen am 6. und 7. März und berichtete unserem Technischen Ausschuss, dass Großversuche mit einigen der Lokomotiven für die Eisenbahnen und die Lokomotivbauer von großem Interesse sein dürften.

Soweit wir unterrichtet sind, haben Sie einen Technischen Beirat eingerichtet, der die Direktion des Transport Korps in Bezug auf Forschung und Entwicklung berät und begleitet, und wir haben zur Kenntnis genommen, dass die folgenden Mitglieder dieses Beirats sind: Duncan W. Frazer, Vorsitzender des Beirats, American Locomotive Company[77], John E. Dixon, Präsident, Lima Locomotive Works[78], Ralph Kelly,

---

[77] American Locomotive Company (Alco), Schenectady/NY (Wikipedia15)
[78] Lima Locomotive Works (Lima), Lima/OH (Wikipedia16)

Präsident, Baldwin Locomotive Works[79], J. J. Pelley, Präsident, Association of American Railroads[50], und V. R. Hawthorne, Stellvertretender Vorsitzender der mechanischen Abteilung der Association of American Railroads[50].

Wir schlagen vor, dass bei der Ausarbeitung eines Test- und Forschungsprogrammes für die deutschen Lokomotiven die oben erwähnten fünf Herren konsultiert werden. Wir sprechen mit Gewissheit für die Lokomotivhersteller und sind auch zuversichtlich, dass die mechanische Abteilung des Verbandes der amerikanischen Eisenbahnen gerne auf jede erdenkliche Art und Weise bei der Ausarbeitung eines Studienprogramms und bei der Mitwirkung an der Durchführung eines eventuell für wünschenswert erachteten Testprogramms zusammenarbeiten würde.

Wir möchten ferner vorschlagen, dass die Beschaffung von Kopien der Aufzeichnungen über Lokomotivversuche, die die Deutsche Reichsbahn in ihrem Lokomotivversuchsanstalt in Grunewald durchgeführt hat, für die amerikanischen Hersteller und die amerikanischen Eisenbahnen von großem Wert wäre.

Mit freundlichen Grüßen,

/s/ Lawford H. Fry,
Forschungsdirektor

---

[79] Baldwin Locomotive Works (BLW), Eddystone/PA (Wikipedia17)

STEAM LOCOMOTIVE RESEARCH INSTITUTE, INC.
30 Church Street, New York 7, N. Y,

19. April 1946

Colonel Carl E. Green, TC
Army Service Forces
Büro des Leiter des Transportwesens
Washington 25, D. C.

Sehr geehrter Colonel Green:

Ihren Brief vom 10. April an das Steam Locomotive Research Institute, Inc. bezüglich der Tests deutscher Transportgeräte haben wir zur Kenntnis genommen.

Im Hinblick auf die Dampflokomotiven sind wir im Namen des Instituts der Meinung, dass die fraglichen Lokomotiven weder für die Verwendung als Armeeausrüstung noch für den Einsatz auf den Eisenbahnen der Vereinigten Staaten geeignet sind. Im Übrigen hat die Association of American Railroads bereits offiziell eine ähnliche Auffassung vertreten. Wir sehen daher keinen Nutzen in einer weiteren Erprobung dieser Dampflokomotiven. Wenn jemand technische Informationen über ihren Betrieb wünscht, schlagen wir vor, dass die Armee Kopien der deutschen Tests dieser Lokomotiven erhält, um sie an Interessierte weiterzugeben.

Mit freundlichen Grüßen,

/s/ C. H. Sundberg

Sekretär

3.3.1.4   B-4 (2C)

KRIEGSMINISTERIUM
Büro des Leiters Transportwesen
Washington 25, D. C.

TCRAD 400.112   13 June 1946

BETREFF: Nutzung von deutschen Eisenbahn-Prüfmitteln
AN: Leiter der Transport Korps, New York
                Port of Embarkation, 1st Avenue & 58th Street, Brooklyn 9, New York

1. Auf der Sitzung des Politischen Ausschusses für die erbeuteten deutschen Eisenbahn-ausrüstungen, die am 3. Juni 1946 in diesem Amt stattfand, wurde beschlossen, dass zusätzliche Informationen von Herrn Theodore Witte, leitender Ingenieur der Deutschen Reichsbahn, eingeholt werden sollen und dass eventuell zusätzliche Eisenbahnversuchsausrüstungen aus Übersee angefordert werden sollten. Es wurde empfohlen, dass ein Vertreter des Amtes, Leiter Transportwesen, die Herren O. J. Horger und C. T. Ripley in Chicago bezüglich der Vorbereitung eines Fragebogens kontaktiert, der Herrn Witte durch den Geheimdienst in deutscher Sprache vorgelegt werden sollte. Beigefügt sind das Protokoll der Sitzung vom 4. Juni 1946 und Kopien der Briefe an Herrn Horger und Herrn Ripley mit der Antwort von Herrn Horger.

3. Es wird gebeten, dass Major Hurley die Konferenz mit Herrn Horger in Herrn Ripleys Büro in Chicago am 19. Juni 1946 festlegt.

IM AUFTRAG DES TRANSPORTCHEFS:

/s/ CARL E. GREEN
Lt. Colonel, T. C.
Chief, Research & Development Div.

Fünf Anhänge:
1-Kopie an Hrn. Horger, 7.6.46
2-Kopie an Hrn. Ripley, 7.6.46
3-Sitzungsprotokoll 4.6.46
4-Kopie Brief von Hrn. Horger, 11.6.46
5-Fragebogen, Rail Br, R&D[80]

---

[80] vermutlich: **Rail**way **Br**igade, **R**esearch **& D**evelopment (Eisenbahntruppe, Forschung und Entwicklung)

3.3.1.5   B-5 (2C)

Bericht des
Sonder-Unterausschusses zur Untersuchung
des deutschen Eisenbahnmaterials

Es wird vorgeschlagen, dass die zuständigen Vertreter unseres Heeres in Deutschland mit Herrn Friedrich Witte, Leitender Maschinenbauingenieur der Deutschen Reichsbahn, Kontakt aufnehmen und mit ihm die Beschaffung der gewünschten Informationen, die in diesem Bericht aufgeführt sind, zu besprechen. Wahrscheinlich wird es für diese Offiziere notwendig sein, dass Herr Witte sie zu den verschiedenen Punkten begleitet, an denen die Daten verfügbar sind, und sie können dann veranlassen, dass sie ihm übergeben werden, damit er sie in die Vereinigten Staaten bringen oder direkt an die zuständigen Stellen senden kann. Wir weisen darauf hin, dass in der Korrespondenz der Vorname von Herrn Witte als „Theodor" angegeben wird. Der Ingenieur, Hr. Witte, mit dem Hr. Hawthorne und Hr. Ripley gut bekannt sind, benutzte immer den Namen „Friedrich". Wir nehmen an, dass Sie sich auf denselben Mann beziehen, da es zu der Zeit, als wir mit den dortigen Entwicklungen vor dem Krieg in Kontakt waren, keinen anderen prominenten Maschinenbauingenieur mit dem Namen Witte in Deutschland gab. Wir können anmerken, dass die Berliner Adresse von Friedrich Witte „▮▮▮▮▮▮▮▮▮▮▮▮▮▮▮▮▮"[19] war. Bevor die tatsächlichen Vorkehrungen für die Überführung deutscher Technik getroffen werden, sollte der Bericht unserer Offizierskonferenzen mit Herrn Witte zur Verfügung gestellt werden, und zu einem späteren Zeitpunkt kann eine Entscheidung getroffen werden, ob die gesamte Technologie in unser Land gebracht werden soll. Wir schlagen vor, Herrn Witte hinsichtlich der Sicherung von Daten zu folgenden Angelegenheiten zu befragen:[81]

1. Namen, Zugehörigkeiten und letzte bekannte Standorte führender deutscher Konstrukteure von Dieselmotoren und Diesellokomotiven; außerdem Konstrukteure von elektrischen Antriebseinrichtungen, einschließlich derer, die mit

---

[81] Ob ein Treffen mit Hrn. Witte zu diesem Thema wirklich stattgefunden hat, oder ob und wann die angefragten Unterlagen und Prüfmittel in die USA gelangt sind, ist bislang nicht bekannt.

74

dieselelektrisch angetriebenen Lokomotiven verwendet werden.

2. Das europäische 56½" [*1.435 mm*]-Lichtraumprofil – wo ist es kleiner oder größer als das Internationale Lichtraumprofil von Bern[82]?

3. Maximale Gleisradien, auf die deutsche Bahnausrüstungen ausgelegt sind?

4. Chemische und physikalische Spezifikationen für deutsche Eisenbahnausrüstungen, einschließlich Wagen und Komponenten wie Achsen, Räder, Strukturteile, Seitenteile und Schwingen, Spiralfedern usw. Welcher Sicherheitsfaktor wird im Allgemeinen bei der Konstruktion von Komponenten der deutschen Eisenbahnausrüstung, einschließlich Räder, Achsen, Drehgestelle, Schwingen, Seitenrahmen und Untergestelle sowie Zughaken, verwendet? Mit anderen Worten: Welches Prozent der Streckgrenze des Materials ist die maximal zulässige Spannung?

5. Testdaten von deutschen Spezialdampflokomotiven wie Kohlenstaubfeuerung, Einzelachsantrieb (19-1001), Kondensation (L52-2006), Kriegslokomotive (L52-3674).

6. Testdaten und Spezifikationen zu deutschen dieselelektrischen Lokomotiven, einschließlich der Nr. L21-339[83], sowie alle neueren Entwicklungen bei Lokomotiven mit Turbinenantrieb, einschließlich Gasturbinen und Lokomotiven mit hydraulischem Antrieb.

7. Deutsche Entwicklungen zu Getrieben, die für den Einsatz in Lokomotiven und Lokomotivkranen geeignet sind – schwere mechanische und hydraulische Flüssigkeitskupplungen.

8. Entwürfe und Testdaten zu experimentellen, nicht elektrischen 1500 H.P.[84] Diesellokomotiven mit Flüssigkeitsantrieb, deutschen Getrieben, die stufenlos regelbar, außergewöhnlich robust und für bis zu 500 H.P. oder 1000 H.P. geeignet sind, und die sowohl für den Hochgeschwindigkeits- als auch für den Niedergeschwindigkeitsbetrieb geeignet sind? Vollständige Informationen erwünscht.

9. Vollständige Informationen und Testdaten zu den neuesten Entwicklungen bei

---

[82] Im Jahr 1912 einigten sich auf einer Konferenz in Bern mehrere Regierungen des europäischen Festlandes auf einen gemeinsamen Mindeststandard für das Lichtraumprofil, so dass Güterwagen, die nach diesem Standard gebaut waren, international eingesetzt werden konnten (Transitwagen). Die Fahrzeugbegrenzungslinie wurde als *Gabarit passe-partout international*, oder kurz *Gabarit PPI* bezeichnet. (Wikipedia18)

[83] Hiermit ist wohl Schnelltriebwagen der Reihe SVT 137 gemeint.

[84] **H**orse **P**ower (Pferdestärke), zur Umrechnung, siehe Kap. 7.1

deutschen Lokomotivkranen, einschließlich diesel- und dieselelektrisch angetriebener Kräne, falls verwendet.

10. Projekte zur Weiterentwicklung und Modernisierung der deutschen Eisenbahnausrüstung, einschließlich Lokomotiven, Wagen, Kräne, Waggons usw.

11. Elektrische Schweißgeräte und -verfahren für alle Arten von Eisenbahnausrüstungen. Methoden des Kesselschweißens einschließlich Spannungsarmglühen.

12. Nichteisenlegierungen zur Verwendung in Lagern.

13. Synthetisches Schmieröl für Lokomotivzylinder und -lager. Auch Schmieröl mit flacher Viskositätskurve für Fahrzeuggleitlager.

14. Legierungen von Hochgeschwindigkeits-Werkzeugstahl für die Verwendung in Eisenbahnwerkstattmaschinen. Legierter Stahl zur Verwendung in Hakenkupplungen.

15. Anlagen- und Gerätekonstruktionen für die Prüfung von Lokomotiven, einschließlich Dynamometerwagen und Lokomotiven spezieller Bauart, die bei Widerstandsfahrversuchen eingesetzt werden.

16. Prüfausrüstung zur Durchführung von Ermüdungstests an Bauteilen in voller Größe von Lokomotiven, Wagen, Gleiskonstruktionen und Brücken. Dazu gehören Maschinen wie Schwingungserzeuger und Impulsgeber mit elektronischer Hilfsausrüstung. Außerdem Testmaschinen zur Untersuchung der Ermüdungsfestigkeit von Eisenbahnfedern in Originalgröße und Kurbelwellen von Dieselmotoren.

17. Geräte zur Messung der Fahreigenschaften von Wagen und Lokomotiven, einschließlich elektronischer oder anderer Geräte. Schüttel- oder Vibrationstisch, der zur Kalibrierung von Beschleunigungsmessern verwendet wird.

18. Ausrüstung zur Erlangung von Indikatorkarten auf Dampflokomotiven bei hohen Geschwindigkeiten, insbesondere elektronischer Art.

19. Röntgengeräte, die zur Messung der inneren Spannungen in Eisenbahnteilen aus Stahl verwendet werden.

20. Mobile Prüfwagen für die Durchführung von Vorort-Untersuchungen durch Röntgenstrahlen und elektrische und elektronische Verfahren.

21. Ausrüstung zur dynamischen Erfassung von Spannungen in Eisenbahnteilen unter Betriebsbedingungen. Dies würde Schwingungsschreiber, Dehnungsmessstreifen, Beschleunigungsmesser, usw. umfassen.

22. Einzelheiten der Treibstangenkonstruktionen für Lokomotiven einschließlich Schmieden, Schweißen, Wärmebehandlung und Bearbeitungspraxis.

23. Zeichnungen, Spezifikationen und Testdaten für vier- und sechsrädrige aus einem Stück gebaute Drehgestelle mit gepressten Seitenrahmen aus Stahl und geschweißten Querträgern. Aufzeichnungen über Betriebsleistungen, Entgleisungen, Brüche usw.. Maximale und durchschnittliche Betriebsgeschwindigkeit der mit solchen Drehgestellen ausgerüsteten Wagen oder Lokomotiven.

24. Auslegung von Leer- und Lastbremsen für Wagen.

25. Entwurf von Druckausgleichventilen[85] für Dampflokomotiven.

26. Betriebsprüfdaten von 1200 H.P. [*1212 PS*] Diesel-Schnellzügen.

27. Standort von Ersatzteilen und Material für dreiteiligen Dieseltriebzug, Maybach 12-Zylinder-Motor (Lok-Nr. L21-339)[83] und Motortyp R.S.H. 2355 (Motor-Nr. 191057)[86].

28. Neue Konstruktionsmerkmale bei Saugstrahlpumpen, Prüfleistung.

Hinweis: Eine vollständige Detailzeichnung in Blaupausenform sowie Fotos zu den oben genannten Punkten sind erwünscht.

/s/ _____

C. T. Ripley, Chefingenieur
Technischer Vorstand der Wrot. Steel Wheel
Ind.[87]

---

[85] Der Druckausgleicher ist ein Bauteil der Dampfloksteuerung, der im Leerlauf benötigt wird. Wird die Dampflok ohne Dampfzufuhr bewegt, beispielsweise im Gefälle, dann wirkt der Kolben im Zylinder wie eine Pumpe. Dies kann dazu führen, dass Rauchgase aus der Rauchkammer in den Zylinder gesaugt werden. Mit dem Druckausgleicher wird dies verhindert.

[86] Möglicherweise wird hier auf einen Motor der Motorenwerke Mannheim (MWM), Typ RHS 235 S verwiesen, der später in der späteren V 36.1 eingebaut war. (Wikipedia19)

[87] Möglicherweise: Wrought Steel Wheels Industries

/s/   _____

O.J. Horger, Chefingenieur der Eisenbahnab-
teilung der Timken Roller Bearing Company[88]

/s/   _____

R.W, Salisbury, leitender Maschinenbauingenieur
Transport Korps Zweigstelle N.Y.P.E.[89]

Chicago, Illinois
17. Juni 1946

---

[88] Heute: Timken Company, North Canton, OH (Wikipedia20)
[89] New York Port of Embarkation, siehe Fußnote 22

3.3.1.6   B-6 (C2)

BESCHREIBUNG DER HENSCHEL-KONDENSLOKOMOTIVE   EINFÜHRUNG

Die Kondenslokomotiven von Henschel, die lange Strecken (1000 Kilometer oder 660 Meilen und mehr) ohne Wasserzufuhr zurücklegen, sind normale Zylinderdampflokomotiven mit einer Anordnung zur Rückgewinnung des Abdampfes im Tender. Die erste Kondenslokomotive wurde 1931 von Henschel für die Argentinische Eisenbahn gebaut und 1933 geliefert. Es folgte ein weiterer Auftrag über Güterzuglokomotiven für Russland. Im Jahr 1936 wurden sechs weitere Kondenslokomotiven für die Argentinische und 1939 eine Kondenslokomotive für die Irakische Nationalbahn gebaut.

Nach den Erfahrungen mit den nach Russland gelieferten Henschel-Kondenslokomotiven baute die UdSSR ab dem Jahr 1936 Kondensatorlokomotiven (ca. 2000 Stück), die vor allem unter den schlechten Bedingungen der Wintersaison in Sibirien und im Fernen Osten zufriedenstellend im Einsatz waren. Der Bautyp der russischen Lokomotiven ist fast derselbe wie der der in Deutschland gebauten Lokomotiven. Im Jahre 1942 erteilte die deutsche Regierung dem Werk Henschel & Söhne den Auftrag zum Bau von 140 Kriegs-Kondenslokomotiven (Bauart 52).

Die Henschel-Kondenslokomotiven arbeiten auf folgende Weise:

Der aus den beiden Zylindern kommende Abdampf wird zusammengeführt und strömt zur Saugzugturbine in der Rauchkammer. Von dort wird er durch ein großes Abgasrohr auf der linken Seite des Motors zum Tender befördert. Auf dem Weg zum Tender durchläuft der Abdampf einen Ölabscheider. In dieses Rohr gelangt auch der Abdampf von Speisepumpen, Luftpumpen, Lichtgenerator und des Sicherheitsventils. Das Abgasrohr führt den Dampf zum Einlass der Luftturbine auf dem Tender. Diese Turbine ist über ein Kegelradgetriebe mit drei Ventilatoren gekoppelt. Die Ventilatoren erzeugen den erforderlichen Frischluftzug für die Dampfkondensation. Der Abdampf wird von diesen Kühlern oder den linken und rechten Seitenkühlern zu Wasser kondensiert. Dieses Wasser fließt in Sammelbehälter, in denen sich auch Ölabscheider befinden. Von hier aus wird es wieder durch die Speisepumpen und Speiseleitungen in den Kessel gepumpt. Es existiert keine Vorrichtung zur Erzeugung eines Sogs im Kondensator des Tenders.

SAUGZUGTURBINE

Anstatt wie bei normalen Lokomotiven aus dem Blasrohr auszublasen, wird die notwendige Saugleistung, die in der Rauchkammer für die Anfachung des Feuers notwendig ist, durch ein Saugzuggebläse erzielt. Das Saugzuggebläse ist in der Rauchkammer eingebaut und hat seine Achsen im rechten Winkel zur Lokomotivachse. Die Gebläseachse ist auf beiden Seiten der Rauchkammer gelagert. Auf der linken Seite befindet sich die Antriebsturbine, die ihren Dampf aus dem Zylinderabdampf erhält. In der Mitte befindet sich das Gebläserad. Auf diese Weise ist die Höhe der Feueranfachung proportional zur Menge des Abgases in den Zylindern. Die Achse hat auf der Turbinenseite ein Rollenlager und auf der anderen Seite ein weiteres Rollenlager. Die Schmierung erfolgt durch Lagerringe. Das schneckenförmige Gebläsegehäuse ist an den Seiten der Rauchkammer mit dem Auslass in den Schornstein angeschweißt. Eine 3 mm (⅛ Zoll) dicke Schlackefangplatte links und rechts vom Einlass des Gebläses schützt das Gebläserad vor Kohlestücken und Schlacke.

Mit einer maximalen Dampferzeugung von etwa 10 % erhöht sich die Leistung der Saugzugturbine (einreihige Turbine) auf 35 H.P. [*35 PS*] und saugt etwa 31.500 Kubikmeter (1,112,400 Kubikfuß) Rauchgase durch das Gebläse an und bläst in den Schornstein. Die Umdrehungszahl pro Minute beträgt dann 3.000. Das Zylinderabgas strömt zur Turbine und ist proportional zur Motorlast. Im Falle eines geschlossenen Umleitventils beträgt der Druck 24,5 p.s.i. [*1,7 bar*] und 22,8 p.s.i. [*1,6 bar*] am Auslass. Um den Sog bis zu einem gewissen Grad zu regulieren, wurde auf der linken Seite der Rauchkammer eine Umleitung eingebaut, die von der Kabine aus gesteuert werden kann. Dadurch wird eine Umleitung für den Abdampf zur Turbine geöffnet oder geschlossen. Mehr oder weniger Dampf strömt um die Turbine herum und vermindert den Durchfluss durch die Turbine. Auf diese Weise kann die Drehzahl von Turbine und Gebläse erhöht oder verringert werden.

Als Ersatz für den Hilfsbläser bei stehender Lok oder bei Leerlauf kann das Saugzuggebläse durch Frischdampf in Betrieb gesetzt werden, der über ein Ventilrad im Führerhaus gesteuert wird. Außerdem ist ein Einlass zur Einleitung von Dampf aus einer externen Quelle vorgesehen.

ABGASDAMPFLEITUNGEN UND ÖLABSCHEIDER

Der von zwei Zylindern kommende Abdampf strömt durch zwei nebeneinanderliegende Rohre zur Saugzugturbine (innerhalb der Rauchkammer), von der aus das Hauptabgasrohr auf der linken Seite der Lok geführt wird. Dieses Rohr hat einen Durchmesser von 300 mm (12 Zoll) und ist isoliert. Um Wärmeausdehnung in diesem Rohr zu vermeiden, gibt es vier Dehnungsabschnitte (in Form eines einlagigen Faltenbalgs) und am Ende der Lok unterhalb des Führerhauses ein Kugelgelenk am Tender mittels eines ausziehbaren Rohres.

Der Teil des Abdampfrohrs am Tender hat einen Dehnungsabschnitt. Am Auslass der Lüfterturbine auf dem Tender teilt es sich in Rohre, und der Abdampf wird auf die beiden Kühler auf jeder Seite der zehn oder (12 Kühlersätze – je 6 auf der Seite) aufgeteilt.

Der Abdampf aus einem Sicherheitsventil und der Lichtmaschine strömt in die Abgasleitung zum Tender, während das andere Sicherheitsventil seinen Dampf mit einem um 5.5 p.s.i. [0,4 bar] höheren Druck ins Freie bläst.

Im Inneren der vom Zylinder kommenden Auspuffrohre sind Gitter eingebaut (vorne unter der Rauchkammer), um die Saugzugturbine vor Beschädigungen oder Verschmutzungen zu schützen, die sich im Abdampf befinden könnten. Die Ölabscheidung im Abdampf findet in einem Platten-Ölabscheider statt. Während des Betriebs des Motors muss der Lokführer von Zeit zu Zeit das abgeschiedene Öl und das Kondenswasser mit Hilfe eines Handrades im Führerhaus ausblasen. Der Abdampf von Luft- und Wasserpumpen gelangt ebenfalls in den Ölabscheider.

LÜFTERTURBINE

Die Lüfterturbine ist auf dem Gehäuse im Tender zwischen Kohlebehälter und Kondensatorraum (3-Punktlager) aufgebaut. Die Turbinenachse zusammen mit dem Turbinenschwungrad (einstufig wirkende Turbine) ist mit Gleitlagern versehen, von denen eines als ein Drucklager zur Aufnahme des Seitenschubs dient. Auf einer Seite der Turbinenachse ist ein Ritzel, das in das größere Zahnrad eingreift (Drehzahlverhältnis 1 zu 6,9), anschließend wird die rollengelagerte Übertragungsachse über eine elastische Kupplung mit dem Lüfterlager eingekoppelt.

Der Abdampf aus der Saugzugturbine in der Rauchkammer gelangt mit einem Druck von 22 p.s.i. [*1,5 bar*] in die Lüfterturbine, wenn die Lokomotive unter Volllast arbeitet und alle Umleitungen geschlossen sind. In diesem Fall strömt der aus dieser Lüfterturbine austretende Abdampf mit einem Druck von weniger als 14,5 p.s.i. [*1 bar*] in die Kondensatorelemente. Die Lüfterturbine entwickelt in diesem Fall etwa 200 H.P. [*202 PS*]. Die Achse dreht sich mit maximal 7300 U/min und die Antriebsachse der Lüfter mit 1060 U/min.

Auf der Lüfterturbine befinden sich zwei Umleitventile, durch die ein Teil des Dampfes bei niedrigen Außentemperaturen direkt zu den Kühlern strömen kann, so dass die Leistung der Turbine und der Luftstrom durch den Kühler abgesenkt wird (Tenderseite) und die Temperatur des Kondensators auf einen Wert von etwa 194 Grad Fahrenheit [*90° C*] kommt. Diese Temperatur kann auf einer Skala des Thermometers im Führerstand (Tenderseite) überprüft werden. Um die Triebwerksturbine vor überhöhten Drehzahlen zu schützen, wenn die Lok schleudert, arbeiten auch diese Ventile automatisch auf die gleiche Weise wie das Umleitventil an der Saugzugturbine. Diese Ventile öffnen sich automatisch, wenn die Druckdifferenz zwischen Einlass und Auslass 11.4 p.s.i. [*0,8 bar*] beträgt und der Dampf dann direkt zum Kühler gelangt.

Im Winter muss fast der größte Teil des Dampfes an der Turbine vorbeigeleitet werden, und die beiden Ventile reichen nicht aus. Aus diesem Grund gibt es ein drittes Umleitventil an der Abdampfleitung, die zum rechten Kondensatorelement führt. Dieses Ventil muss im Sommer immer geschlossen sein. An diesem Rohr befindet sich auch ein kurzes Zweigrohr mit einer Abdeckung, dass im Notfall, wenn etwas mit der Turbine oder den Kühlern nicht in Ordnung ist, das Abblasen des Dampfes ins Freie ermöglicht. Im Sommerbetrieb wird die oben erwähnte Umleitung dann mit einem Deckel und einem Innenrohr verschlossen, das auf die Flansche dieser Leitung und die zum Kondensatorelement führende Leitung aufgeschraubt wird. Im Winter werden diese Scheibe und das Innenrohr umgekehrt angeschraubt, so dass die Umleitung offen ist. Wenn der Lokomotivkessel unter Druck steht, ist darauf zu achten, dass dieser Deckel nicht gelöst wird, wenn das Sicherheitsventil abbläst, da es sonst zu Unfällen kommen kann.

Wie bei der Saugzugturbine hat die Lüfterturbine einen Frischdampfeinlass. Auf diese Weise ist es möglich, die Wirkung der Turbine bei sehr warmem Wetter zu erhöhen (die Zufuhr von Frischdampf mit einem Druck von 57 p.s.i. [*3,9 bar*] in diesen Einlass erhöht die Turbinenleistung um 20 H.P. [*20 PS*]). Der Hauptgrund für diesen Frischdampfeinlass besteht jedoch darin, die Turbine langsam anzulassen, um den Öldruck zu regulieren, bevor die Turbine unter Volllast läuft.

Die Schmierung der Turbinenlager erfolgt durch eine Zahnrad-Ölpumpe, die von zwei Kegelrädern der Wellen der Turbine und der Ölpumpe angetrieben wird. Um ausreichend Platz für Altöl und Schmutz zu gewährleisten, kann der Ölbehälter der Turbine etwa 10 Gallonen [*38 l*] fassen. Dieser Ölbehälter auf der rechten Seite der Lüfterturbine muss täglich entleert werden, um das Wasser, das durch die Stopfbuchse der Turbine eindringt, auszutreiben. Aus diesen Gründen gibt es einen Hahn, durch den das Wasser über in einen Auslass nach außen gelangt und mit dem kontrolliert werden kann, ob Wasser austritt oder schon Öl fließt. Die Bedienung dieses Hahns kann über eine Klappe auf der Rückseite des Turbinenraums erfolgen, die über einen Gang auf der rechten Seite des Tenders erreicht werden kann. Der Öleinfüllstutzen befindet sich auf der rechten Seite des Ölbehälters und ist mit einem Ölstandsanzeiger versehen. Dieser ist durch die Klappe an der rechten Tenderseite zu erreichen.

Ist es zu dunkel, ist im Gang ein Stecker für die elektrische Handlampe vorgesehen. Der Instrumententräger auf der Tenderseite im Führerstand wird durch eine Bordlampe beleuchtet. Die Ölpumpe im Gehäuse der Lüfterturbine saugt das Öl aus dem Tank an und treibt es durch einen Filter und zwei Kühlschlangen zu den verschiedenen Lagern von Turbine und Antriebswelle. Öl wird auch in die Getriebe der

Gebläse eingespritzt. Beide Kühlschlangen befinden sich in getrennten Kammern, in denen die Frischluftzirkulation durch Verbindungslöcher in die Luftventilatoren geleitet wird. Der Luftdruck in diesen sorgt für den notwendigen Luftstrom. Im Winterbetrieb kann der Ölkühler durch diesen Dreiwegehahn außer Betrieb gesetzt und das Öl durch eine Heizschlange erwärmt werden.

Die Turbinensteuerungsinstrumente befinden sich auf der Tenderbedientafel und bestehen aus einem Drehzahlmesser für die Turbinenachse und einem Öldruckmesser sowie einem Öltemperaturmesser.

LÜFTER UND LÜFTERANTRIEB

Die notwendige kalte Luft für die Kondensation des Abdampfes wird von drei Ventilatoren mit einem Durchmesser von 2200 Millimetern (88 Zoll) durch den Kühler gesaugt. Die sieben Flügelräder aus geschweißtem Stahlblech mit 1000 U/min drücken die warme Luft aus dem Tender in die Atmosphäre. Die Kegelradsätze auf der Antriebswelle sind mit der Turbine verbunden. Diese Antriebswelle hat drei durch elastische Kupplungen gekoppelte Abschnitte, einen auf beiden Seiten der Kegelradgussteile. Die Kegelradgetriebeübersetzung ist 1 zu 1,022. Die kugelgelagerte Lüfterradwelle läuft etwas langsamer als die Kegelradantriebswelle. Die Lüfterradwelle ist auf der Kegelradgetriebeseite mit Langkugellagern und auf der Lüfterseite mit Rollenlagern versehen. Der seitliche Druck auf die Welle wird in den Kugellagern aufgenommen.

Die Schmierung des Systems erfolgt durch eine Kolbenölpumpe, die durch Nocken auf der Antriebswelle angetrieben wird. Zur Komplettierung der Schmierung der Lüfterantriebswellen ist in jedem Lüfterradgussteil ein Schmiergefäß vorgesehen, das über einen Gang in der linken Seite des Luftschachts im Tender gewartet werden kann. Eine Tür am hinteren Ende des Tenders ermöglicht den Zugang zu diesem Gang.

KONDENSATORELEMENT UND FRISCHWASSERTANK

Der aus der Lüfterturbine austretende Dampf wird in zwei gleiche Teile geteilt und strömt zu den Sammelkästen in die beiden Kühler (sechs links und sechs rechts, insgesamt 12 Abschnitte). Das kondensierte Wasser, das sich am Boden dieser Kühler sammelt, strömt zu einem Sammelkasten mit einem Fassungsvermögen von 475 Gallonen [1,8 m³] Wasser. Die Kühlerelemente bestehen aus elliptischen Stahlrohren, die mit Kühlflügeln aus ¹/₁₆ Zoll [1,6 mm] dickem Blech versehen und ⅛ Zoll [3 mm] voneinander entfernt sind. Alle Oberflächen sind verzinkt. Diese Rohre sind in eine obere Stahlplatte eingepresst und mit Hilfe von Druckplatten und Gummidichtungen von einer unteren Stahlplatte abnehmbar. Der Kondensatsammelkasten ist für alle 12 Kühler gleich, aber jeder Kühler hat am Boden seinen Sammelbehälter, die mit dem Kondensatsammelkasten des Tenders verbunden sind. Die Luft strömt durch die Kühler ins Innere des Tenders. Die Rohrbleche, die zwei Rohre zusammenhalten, werden so angeordnet, dass die Rohre diagonal montiert sind, vier Rohre in der Länge und 56 in der Breite, insgesamt 244 Rohre pro Kühler. Die Außenfläche der 12 Kühler beträgt 328 Quadratfuß [30 m²] und die effektive Kühlfläche 29,547 Quadratfuß [2745 m²].

Das Wasser, das von den Kühlern in den Sammelkasten gelangt, fließt durch einen Ölabscheider, der sich in der Kondensatsammelkasten befindet. Dieser scheidet das im Wasser verbleibende Öl ab. Diese vier Filter (zwei auf jeder Seite) müssen einmal wöchentlich herausgenommen und gereinigt werden. Gleichzeitig muss auch das Innere der Kammer ausgespült werden. Danach müssen die Kammern mit Wasser bis zu ¾ Höhe (wie später erläutert) gefüllt werden. Der Kondensatsammelkasten ist mit einer Heizschlange versehen, ferner ist ebenso wie für die Sammelleitungen ein Entlüftungsrohr vorgesehen. Die Temperatur des Kondensators kann mit einem Messgerät auf der Bedientafel des Tenders überprüft werden. Die Höhe des Wasserstandes im Kondensatortank kann auch im Führerhaus abgelesen werden.

Für die Wasseraufnahme gibt es wie bei normalen Tendern auf beiden Seiten des Tenders je eine Einfüllöffnung. Auch ein Hilfswasserwagen kann an den Tender angekuppelt werden. Ein spezieller Kupplungsschlauch ist vorhanden. Dieser Kupplungsschlauch ist isoliert und kann bei Frost mit Dampf beheizt werden. Er befindet sich auf der rechten Seite des Tenders.

Um den Wasserverlust auszugleichen, enthält der Tender einen Wasservorrat von 4,200 Gallonen [15,9 m³] (im Winter hat die Maschine oft große Dampfverluste). Der Wasserstand im Behälter wird auch im Führerstand angezeigt. Auch dieser Tank verfügt über ein Entlüftungsrohr und eine Dampfheizung. Über ein Handrad an der Tenderbedientafel wird der Dampf gleichzeitig an die Lüfterturbine, die Ölheizung, den Kondensatsammelkasten und die Wasserleitung des Sammelkastens abgegeben. Was die Heizung des Frischwassertanks betrifft, so befindet sich ein separates Instrument auf der Tenderbedientafel. Wenn der Wasserstand des Kondensatwassers sinkt, kann der Heizer diesen Tank über einen Hahn auf der linken Seite des Tenders füllen.

Um ein Einfrieren des Kühlers im Winter zu verhindern, ist er durch eine Jalousie geschützt, die das Eindringen von Kaltluft durch die Kühler sperren oder regulieren kann. Die Jalousien können vom Führerhaus aus durch Hebel betätigt werden, die sich auf beiden Seiten der Vorderseite des Tenders in der Nähe des Kohleeinfüllöffnung befinden.

KESSELSPEISEWASSERPUMPEN UND -ROHRE

Die normale Kesselspeisung mittels Injektoren ist bei dieser Lok nicht möglich, da das Kondensationswasser eine Temperatur von etwa 194 Grad Fahrenheit [90° C] hat. Das Kesselspeisewasser wird von zwei doppeltwirkenden Knorr-Verbundpumpen geliefert, die mit einer Kapazität von 77 Gallonen pro Minute [291 l/min] angetrieben werden. Um sicherzustellen, dass das Wasser bei dieser hohen Temperatur regelmäßig in die Saugleitung der Förderpumpen fließt, werden beide Pumpen von Wasserstrahlpumpen angetrieben. Diese Strahlpumpen erhalten ihr Druckwasser von den doppeltwirkenden Pumpen selbst durch eine Zweigleitung, die von der Druckseite dieser Pumpen kommt. Auf diese Weise wird das heiße Kondensatwasser unter einem bestimmten Druck zu den Pumpen geführt, wodurch Dampfbildung vermieden und ein gleichmäßiges Ansaugen verbessert wird. Die Strahlpumpen befinden sich unter dem Führerstand der Lokomotive und sind mit der Verteilerleitung verbunden, die von jeder Seite der Lokomotive ausgeht. Im Normalbetrieb strömt das Kondensatwasser vom Kondensatorsammelkasten durch das Wasserrohr mit Kugelgelenkkupplungen (drei Kugelgelenke) mit natürlichem Gefälle zur Verteilleitung unterhalb der Lokomotive.

Der Kessel kann im Notfall direkt aus dem Frischwassertank gespeist werden. Aus diesem Grund hat die Verteilleitung eine Kupplung mit einer langen Spindel zum Führerhaus und kann von dort aus geöffnet und geschlossen werden. Die

Verbindung zwischen Lok und Tender dieser Rohre erfolgt über einen Gummi-schlauch. Falls Lokomotive und Tender getrennt werden oder im Schadensfall werden die Absperrventile für Frischwasser und Kondensatwasserleitung geschlossen.

Wenn die Förderpumpen sehr langsam arbeiten, öffnet das Kesselrückschlagven-til nicht und das Wasser fließt durch eine Umgehung zurück zur Strahlpumpe. Durch diese Wasserzirkulation können die Pumpen im Winter vor dem Einfrieren geschützt werden und dasselbe gilt für die Rohrleitung (beachten Sie, dass das Kondensatwas-ser heiß ist). Der Wasserzylindermantel der Förderpumpe kann im Winter über ein in der Kabine gesteuertes Ventil mit Frischdampf erwärmt werden. Der Dampf strömt durch die untere Bodenplatte der Schmierpumpe und dann durch den Wasserzylin-der, um dann ins Freie zu entweichen. Der Abdampf der Speisepumpen und der Luft-pumpe strömt zum Abdampfölabscheider und dann durch das Abgasrohr zum Ten-der.

Für den Fall, dass die Schmierung der Speisepumpen ausfällt, ist an der Dampf-eintrittsleitung ein Ölbehälter vorgesehen, der in diesem Fall die Schmierung der Pumpe übernimmt.

Im Falle einer Beschädigung oder Verstopfung der Kondensatwasserförderlei-tungen wird der Abdampf trotzdem kondensiert und das Kondenswasser würde sich im Tender ansammeln. Dann würde der Kondensatsammelkasten überlaufen und Wasser in den Kühlerrohren aufsteigen. Um dies zu vermeiden, ist es dann notwen-dig, die Abflüsse an den Kondensationswasserbehältern abzuschrauben und das Wasser auf die Gleise abzulassen, oder noch besser, die Lok mit der Abdampfumlei-tung so einzurichten, dass der Abdampf ins Freie entweicht, anstatt in den Konden-sator zu gelangen.

ABDAMPF

Im Falle einer Beschädigung der Lüfterturbine oder ihres Getriebes kann es auch, wie bereits erwähnt, nötig sein, den Abdampf ins Freie zu entlassen. Die Abdeckung an der Umleitung für den Abdampf (an der Gebläse-Turbine) wird aufgeschraubt und der Deckel abgenommen, so das Abgas dann ins Freie entweichen kann.

Für den Fall einer Beschädigung der Saugzugturbine in der Rauchkammer sind die Lokomotiven des späteren Typs mit einem Notblasrohr in der Rauchkammer ausgestattet und können mit Hilfe eines hebelgesteuerten Ventils im Blasrohr in eine Lokomotive konventionellen Typs umgewandelt werden.

ISOLIERUNG DER LOKOMOTIVE

Alle Dampf- und Wasserleitungen und entsprechenden Teile sind isoliert, außer im Führerstand der Lok. Die beiden Speisepumpen haben isolierte Hüllen mit einer Klappe an der Oberseite, damit Schmiernippel und Rückschlagventile erreicht werden können. Die Luftpumpe ist auf die gleiche Weise isoliert. Die Bodenheizungen des Führerhauses werden mit Frischdampf aus einem Drei-Ventil-Verteiler auf der linken Seite des hinteren Teils beheizt. Zwei dieser Ventile steuern die Bodenheizungen der Kabine, während das dritte Ventil die Beheizung der Schmierrohre zu den Schiebern und den Zylindern steuert.

Diese Dampfrohre befinden sich unter den Kesselabdeckungen auf der linken Seite und sind mit den Druckausgleichsventilen am Schieberkasten und den Zylindern verbunden. Auf diese Weise werden die Zylinder vor dem Betrieb der Lokomotive erwärmt und geschmiert. Die Schmierrohre befinden sich unter der Kesselverkleidung und werden durch Löcher in der Kesselisolierung erwärmt.

TENDER

Mit Ausnahme der Rohre für Kondensationswasser und Frischwasser befinden sich alle Tenderleitungen auf der Innenseite. Um sie bei kaltem Wetter zu schützen, sind die wasser- und dampfführenden Rohre isoliert. Der Teil des Abdampfrohrs auf dem Tender, der sich unmittelbar hinter der Kugelkupplung befindet, verfügt über einen Wasserablauf, der in den Kondenswassertank mündet. Die Lüfterturbine hat an ihrer tiefsten Stelle einen Ablasshahn zum Ableiten des Wassers.

Die Kühler und Kondenswassertanks können ebenfalls entleert werden, indem bei Frost und bei Abstellung der Lokomotive zwei Stopfen entfernt werden. Die Frischdampfleitung zur Lüfterturbine kann auch durch einen Hahn im Werkzeugraum entleert werden.

BEDIENUNGSANLEITUNG FÜR HENSCHEL-KONDENSLOKOMOTIVE

Diese Anweisungen betreffen nur die Wartung des Kondensators und der Kondensatorteile. Die Bedienung der normalen Lokteile erfolgt in der gleichen Weise wie bei konventionellen Lokomotiven. Die Bedienung für fünf- und vierachsige Tender ist die gleiche.

VOR DEM BETRIEB

Schmierung

Beim Ölen ist äußerste Sauberkeit die Regel. Staub, Baumwolle, Fasern und verschmutzte Werkzeuge sind Feinde des Öls. Aufgrund der hohen Drehzahl der Turbinen ist die Sauberkeit des Öls wichtiger als bei der normalen Wartung von Lokomotiven.

Saugzugturbine

In den rechten und linken Ölbehälter am Wellenlager, das sich in der Rauchkammer befindet, sauberes Turbinenöl einfüllen. Anschließend den Deckel gut verschließen, um Ölverlust und Schmutzansammlung zu verhindern.

Kesselwasserförderpumpe

Die Schmierung der Speisepumpen muss mit Heißdampfzylinderöl erfolgen. Hebel und Ölpressgriffe sind hin und wieder zu drehen und Prüfschrauben in den Ölleitungen sind kurz zu öffnen, um sicherzustellen, dass die Schmierleitungen mit Öl gefüllt sind. Danach sind die Prüfschrauben gut anzuziehen. Wenn dieses Schmiersystem ausfällt, kann die Schmierung durch Öltassen an den Frischdampfleitungen zu den Speisepumpen erfolgen.

Wartung des Kondensatwassers

Zeigt der Zeiger für Kondensatwasser an, dass sein Tank weniger als halb voll ist, so muss dieser Tank mit Frischwasser gefüllt werden, bis der Zeiger ¾ voll zeigt. Dies geschieht durch Öffnen des Frischwasserventils an der Verteilerleitung, das sich auf der linken Seite des Fahrerhauses befindet.

Feuer schüren

Wie bei herkömmlichen Lokomotiven ist es möglich, einen Hilfsbläser im Schornstein zu verwenden, um ein Feuer zu entfachen. Sobald der Kesseldruck 55 bis 70 p.s.i. [*3,8 - 4,8 bar*] erreicht hat, kann die Saugzugturbine durch Öffnen des Frischdampfventils mit der Bezeichnung „Turbine" in Betrieb genommen werden, wobei die Turbine langsam gestartet werden soll, da sie noch nicht aufgewärmt ist.

Es ist auch möglich, die Saugzugturbine an die Frischdampfversorgung oder an eine andere unter Dampf stehende Lokomotive anzukoppeln.

Das Ventil „Turbine" im Führerstand der Lok muss geschlossen und das Frischdampfventil auf der linken Seite der Rauchkammer langsam geöffnet werden. Nachdem der Kesseldruck 55 bis 70 p.s.i. erreicht hat, kann Kesseldampf verwendet werden.

Frischdampfventil für Lüfterturbine auf der Tenderbedientafel

Dieses Ventil dient dazu, die Turbine langsam anzulassen, damit eine vollständige Schmierwirkung vorhanden ist, bevor die Turbine mit der vollen Last beaufschlagt wird.

Kondensatorheizventil an der Tenderbedientafel

Dieses Ventil wird verwendet, um das Wasser im Kondensationstank vor dem Starten der Lokomotive zu erwärmen, damit das erste Wasser, das in den Kessel geleitet wird, nicht zu kalt ist. Das Kondensatwasser wird auf bis zu 140 Grad Fahrenheit [*60° C*] erwärmt.

VORSICHT

Bei der Erwärmung des Kondensatwassers ist zu beachten, dass gleichzeitig der

Kondensatsammelkasten, die Kondensatwasserleitung und der Ölbehälter bzw. die Turbine erwärmt werden. Die Kondensatwasserleitung wird schneller erwärmt als der Kondensatsammelkasten und dies wird auf dem Messgerät nicht angezeigt. Um ein gutes Ansaugen der Speisepumpe aufrechtzuerhalten, darf das Wasser nicht über 140 Grad Fahrenheit erhitzt werden.

WÄHREND DES BETRIEBS

Temperatur des Kondensatwassers

Die Wassertemperatur des Kondensats darf 194 Grad Fahrenheit [*90° C*] nicht übersteigen und 125 bis 140 Grad Fahrenheit [*52 - 60° C*] nicht unterschreiten. Die Umleitventile sind zu öffnen, wenn das Wasser zu kalt wird.

Kesselspeisung

Die Schieberstellungen, wie sie vor dem Betrieb gehandhabt werden, setzen die normale Kesselspeisung von Kondensatwasser in Gang. Wenn der Wasserstand im Kondensatsammelkasten sinkt (z. B. Lecks oder Dampfverluste im Winter), muss durch Öffnen des Frischwassertankventils Frischwasser aus dem Frischwassertank zugeführt werden. Sobald der Kondensationswasserbehälter wieder zu ¾ gefüllt ist, muss das Ventil geschlossen werden.

Wenn im Falle einer Beschädigung der Lüfterturbine oder des Kondensators die Lok im Auspuffbetrieb gefahren wird, muss das Ventil des Frischwassertanks offen bleiben und das Ventil des Kondensatsammelkastens unter der Kabine geschlossen und das Ventil der Frischwasserpumpe ebenfalls geöffnet sein. Der Kessel wird jetzt nur noch mit Frischwasser gespeist. Um zu verhindern, dass das Wasser zu kalt wird, muss das Ventil an der Tenderbedientafel geöffnet werden.

Die Förderpumpen dürfen nicht schneller als zwei Hübe pro Sekunde laufen. Wenn eine Pumpe ausfällt, muss diese durch Schließen des Ventils am Ende des Trennrohrs unter der Kabine abgestellt werden.

Feuerunterhalt

Die Feuerunterhaltung ist die gleiche wie bei anderen Lokomotiven, da der Abdampf aus den Zylindern, die die Saugzugturbine in der Rauchkammer antreiben, proportional zur Belastung der Lokomotive erfolgt. Eine weitere Steuerung kann durch ein Handrad an der linken Seite der Kesselrückwand im Führerstand erfolgen, das ein Umleitventil in der Rauchkammer betätigt. Das Handrad wird zum Absenken nach rechts und zum Erhöhen der Saugleistung nach links gedreht.

Lüfterturbine

Der Öldruckmesser an der Bedientafel des Tenders muss beobachtet werden. Der Öldruck muss etwa 7 p.s.i. [0,5 bar] betragen. Bei warmem Wetter ist das Öl wärmer und der Druck geringer als bei kaltem Wetter. Wenn kein Druck angegeben wird, muss der Grund dafür ermittelt werden, da bei Ausfall der Schmierung mit einer Störung gerechnet werden muss.

Wenn der Ausfall nicht lokalisiert werden kann, muss der Betrieb so schnell wie möglich auf Auspuffbetrieb umgestellt werden. Eine Lampe auf dem Armaturenbrett erzeugt bei Nacht die notwendige Beleuchtung.

Frischdampfventil an der Lüfterturbine

Dieses Ventil muss bei langen Fahrten geschlossen werden und bei Betrieb geöffnet werden, wenn der Regler wiederholt geöffnet und geschlossen wird, um das An- und Abfahren der Gebläseturbine im Tender zu vermeiden. Bei Stopps muss das Ventil offen sein, um die Turbine in Betrieb zu halten, so dass im Falle eines beginnenden Abblasens der Sicherheitsventile die Schaufeln der Lüfterturbine nicht durch Stöße beschädigt werden. Auch das Abblasen der Sicherheitsventile wird aufgrund der Verwendung von Frischdampf nicht so leicht erfolgen.

Zylinder-Ablasshähne

Die Zylinderablasshähne müssen unmittelbar nach dem Anfahren der Lokomotive geschlossen werden, um Dampfverluste zu vermeiden, was natürlich einen Wasserverlust bedeutet.

Wenn sich unter irgendwelchen Umständen Fremdkörper zwischen dem Ventil und dem Ventilsitz im Kesselrückschlagventil festsetzen und dieses dadurch undicht wird, müssen beide Ventile unabhängig voneinander geschlossen und geöffnet werden, um festzustellen, welches Ventil unbeschädigt ist. Dieses kann dann zur Speisung des Kessels verwendet werden. In jedem Fall muss verhindert werden, dass der Wasserstand im Kessel so weit absinkt, dass die Schmelzstopfen schmelzen oder das Feuer aus der Feuerbüchse entfernt werden muss.

NACH DEM BETRIEB

Nach dem Betrieb müssen die Teile des Kondensators generell überprüft werden, um ihren Zustand festzustellen.

Periodische Wartung

Der Behälter des Kondenstenders muss alle sechs Wochen gespült werden.

Saugzugturbine rechts: Lagerölwechsel – alle sechs Wochen Öl ablassen und durch frisches Turbinenöl ersetzen.

Saugzugturbine links: Ölwechsel – alle zwei Wochen Öl ablassen und mit frischem Turbinenöl nachfüllen (dies, weil Wasser durch das Rillenlager eindringt).

Ölwechsel der Lüfterturbine – Sommer und Winter Ölwechsel – halbjährlich. Der Ölbehälter der Lüfterturbine muss jedes halbe Jahr im Frühling und Herbst entleert werden. Er muss jedes Mal gut gereinigt und im Frühjahr mit Sommeröl und im Herbst mit Winteröl nachgefüllt werden. Denn durch tägliches Ablassen geht ein Teil des Öls verloren und wird durch frisches Öl ersetzt, und ein zweimaliges vollständiges Ablassen pro Jahr ist ausreichend.

Lüfterradölwechsel Sommer- und Winteröl, halbjährlich. Im Frühling mit Sommeröl und im Winter mit Winteröl.

Der Ölabscheider muss alle sechs Wochen gereinigt werden. Der Abscheider muss alle sechs Wochen entleert und mit einem Wasserschlauch ausgespült werden, damit die Platten frei von Ölablagerungen sind.

Kühlerschwammfilter werden jede Woche gereinigt. Die vier Filter an der Unterseite der Kondensatorkammern (zwei rechts, zwei links) sind wöchentlich zu entfernen und zu reinigen. Außerdem ist das Innere der Kammer mit einem Wasserschlauch auszuwaschen.

Der Spaltfilter der Lüfterturbine ist alle zwei Wochen zu reinigen, der Spaltfilter in der Ölleitung an der Seite der Turbine ist alle zwei Wochen herauszunehmen (Turbine im Leerlauf) und mit Benzin oder Kerosin zu reinigen. Der Schwamm im Filter kann nach Entfernen der Ablassschraube herausgenommen werden.

Bemerkung – – Bevor die Ablassschraube herausgenommen und der Filter entfernt wird, muss der Dreiwegehahn (für den Ein- und Austritt des Ölkühlers) auf „Aus" gestellt werden. Dieser Hahn kann jedoch normalerweise nur in Sommer- oder Winterstellung stehen. Um zu verhindern, dass beim Reinigen des Filters Öl aus den Rohren ausfließt, muss die Mutter und die Unterlegscheibe an der Unterseite des Hahns abgeschraubt werden, und dann kann der Hahn etwas angehoben und in die Stellung „AUS" gebracht werden.

Ölabscheider der beiden Auspuffrohre sind alle sechs Wochen zu reinigen. Das Abgassammelrohr am Kesselboden in der Nähe des Schieberkastens ist alle sechs Wochen zu reinigen. Dazu sind zunächst die Flanschabdeckungen abzunehmen.

Die Turbinenschaufeln des Saugzuggebläses sind alle sechs Wochen auf Ölsedimente zu überprüfen. Die Schaufeln sind alle sechs Wochen zu kontrollieren. Dazu ist der Reinigungsdeckel am Lüftergehäuse abzunehmen.

Die Flügel des Saugzuggebläses sind halbjährlich zu überprüfen. Die Schaufeln des Saugzuggebläses sind auf Beschädigungen und Verschleiß durch Kohlestücke zu prüfen, die durch den Luftzug hindurchgezogen werden. Die Schäden sind durch Schweißen auszubessern und anschließend ist das Lüfterrad auf Gleichlauf zu prüfen.

Dies geschieht auf folgende Weise: Nach der Reparatur durch Schweißen ist das Rad langsam zu drehen und darauf zu achten, dass es sich leicht dreht und in jeder Stellung stehen bleibt. Mit anderen Worten, es ist ausgewuchtet.

Lager aus Lagermetall an den Tenderachsen sind alle sechs Wochen zu überprüfen, ggf. erforderliches Öl nachfüllen.

Die Lokbesatzung hat darauf zu achten, alle Öl führenden Armaturen, insbesondere die Lüfterturbine, auf Ölverluste zu überprüfen. Die Turbine ist stets sauber zu halten, und der Deckel der Turbinenkammer ist vor der Kohleentnahme zu schließen. Wenn aus irgendeinem Grund kein Turbinenöl beschafft werden kann, kann im Notfall Kompressoröl verwendet werden.

WINTERBETRIEB

Auf die Notwendigkeit eines Ölwechsels vor dem Winter wurde bereits hingewiesen.

Der Ölkühler der Lüfterturbine wird bei kalter Witterung nur sehr selten eingesetzt. Wenn der Ölkühler nicht verwendet werden soll, wird das Öl mittels eines Dreiwegeventils umgangen. Im Winter muss die Drehzahl des Gebläses verlangsamt werden. Ein großer Teil des Abdampfes muss, wie bereits erläutert, durch die Umleitung entweichen.

Um ein Einfrieren der Kühler zu verhindern, müssen die Klappen je nach Wetterlage eingestellt werden.

Heizung

Im Winterdienst können je nach Temperatur und Arbeitsweise der Lokomotive bei Bedarf die folgenden Heizventile geöffnet werden. Heizung für Speisepumpen. Zum Betrieb der Pumpen Ventil an der Kesselrückseite öffnen. Bei Frostwetter müssen beide Speisepumpen kontinuierlich betrieben werden. Auch wenn die Lokomotive abgestellt ist. Heizung für Luftpumpe. Um die Pumpe zu betreiben, wird das Ventil an der Kesselrückwand geöffnet und bei Frost die Pumpe im Leerlauf gehalten, indem der Entlüftungshahn unter dem Griff des Bremsventils der Lokomotive geöffnet wird.

Das Zylinderheizungsverteilerventil am hinteren Kesselkopf steuert zuerst nur die Vorwärmung der Zylinder, da Schmierölleitungen im Allgemeinen ausreichend Wärme aus dem Kessel erhalten. Bei langen Strecken mit Gefälle oder leichtem Lauf muss Schmierdampf in die Zylinder eingelassen werden.

Die Bodenheizung des Führerhauses wird über das Heizungsverteilerventil auf der linken Seite der Kesselrückwand gesteuert.

Das Ventil zur Erwärmung der Frischwasserrohre befindet sich auf der linken Seite der Kesselrückwand in der Nähe des Heizungsverteilerventils.

Das Ventil für die Erwärmung des Frischwassers befindet sich am Tender auf der Bedientafel. Kondensatsammelkasten, Kondensatorrohre und Ölbehälter des Heizungsventils der Lüfterturbine auf der Tenderbedientafel. Frischwasserventil für Lüfterturbine ebenfalls auf der Tenderbedientafel.

Frischdampfventil für die Saugzuggebläseturbine an der Kesselrückwand. Bei nicht sehr kaltem Wetter muss die Heizung der Saugzuggebläseturbine mit Vorsicht behandelt werden, da eine Überhitzung zu Problemen bei der Schmierung führen kann.

Nachfolgende Ablassventile, Stopfen, Kappen und Hähne sind bei der Abstellung der Lok zu öffnen:

Zylinderhähne. Ablasshähne der Speisepumpe (drei an jeder Pumpe).

Wasserablasshahn am Kondensatrohr am Tender. Wasserablasshahn in der Frischdampfleitung zur Lüfterturbine auf der linken Seite des Tenderwerkzeugkastens. Wasserablasshahn unter Wasserstrahlpumpen (1 auf jeder Seite). Wasserablasshahn an der Schlauchkupplung der Frischwasserleitung unter der Kabine auf der linken Seite. Verschraubte Ablasskappen am Kondensatsammelkasten (2 Kappen). Hähne an beiden Druckluftbehälter (je 1 Stück). Hahn am Wassersack unter der

Kabine auf der rechten Seite. Hähne der Druckluftbremse (1 vorne, 1 hinten). Dampf-heizungswinkelhähne (1 vorne, 1 hinten). Kesselabschlammhahn und Kesselaus-waschstopfen.

Anmerkungen – – Automatische Ablassventile sind wie folgt angeordnet: Frischdampfleitung zum Lichtgenerator (1). Hauptdampfleitungen zu den Zylin-dern (2). Kesselwasserspeiseleitungen (Zweigleitungen). Heizdampfleitung zwi-schen Lokomotive und Tender (2). Speisepumpen (2) – Luftpumpen (2). Vor der Kaltabstellung der Lokomotive müssen diese Entwässerungsventile auf ihre Funkti-onsfähigkeit überprüft und, falls sie nicht in Ordnung sind, entfernt werden.

* Dies ist eine Abschrift des einzigen verfügbaren Exemplars dieses Berichts.

3.3.1.7   B-7 (2C)

ABBILDUNG 11 – RÜCKSEITE DER LOKOMOTIVE UND VORDERES ENDE DES TENDERS. (JEWEILS RECHTS UND LINKS VOM FOTO). ANSICHT DER KONDENSATLEITUNG.[55]

ABBILDUNG 12 – ABDAMPFRÜCKLAUFLEITUNG. BEFINDET SICH ZWISCHEN LOKOMOTIVE UND TENDER.

3.3.1.8   B-8 (2C)

ABBILDUNG 13 – VENTILGEHÄUSE UMSCHLOSSEN VON WÄRMEISOLIE-
RUNG UND BLECHVERKLEIDUNG.

ABBILDUNG 14 – VORDERES ENDE DER KUPPELSTANGE, DER GLEITBAHN
UND DES KREUZKOPFES UND DER SCHIEBERSCHUBSTANGE.

3.3.1.9   B-9 (2C)

ABBILDUNG 15 – SCHWINGE. ANSICHT DER LINKEN SEITE DER LOKOMOTIVE.

ABBILDUNG 16 – HINTERES ENDE DER KUPPELSTANGE MIT GEGENKUR-
BEL, SCHWINGENSTANGE. LINKE SEITE DER LOKOMOTIVE.

3.3.1.10   B-10 (2C)

ABBILDUNG 17 – HINTERES ENDE DER LINKEN KUPPELSTANGE, LINKER KURBELZAPFEN. ANSICHT DER SEITLICHEN VERSCHIEBUNG.

ABBILDUNG 18 – LINKS VIERTER RADSATZ. ANSICHT DER VERBINDUNG DES VORDEREN ENDES DER LINKEN HINTEREN KUPPELSTANGE ZUR VERBINDUNG DER KUPPELSTANGE DES VORHERIGEN RADSATZES.

3.3.1.11 B-11 (2C)

ABBILDUNG 19 – VORDERES ENDE DER LINKEN VORDEREN KUPPEL-STANGE AM LINKEN VORDEREN KUPPELZAPFEN.

ABBILDUNG 20 – RECHTER ZYLINDERBLOCK MIT DAMPFZYLINDER. AN-SICHT DES SCHMIERSYSTEMS.

3.3.1.12   B-12 (2C)

ABBILDUNG 21 – LINKE SEITE DES TENDERS. ANSICHT VON DETAILS DER BREMSE.

ABBILDUNG 22 – INNENRAUM DER FEUERBÜCHSE DER LOKOMOTIVE. ANSICHT DES FEUERSCHIRMS.

3.3.1.13　B-13 (2C)

ABBILDUNG 23 – KONDENSLOKOMOTIVE NR. L 52-2006. ANSICHT DER KESSELOBERSEITE VOR DEM FÜHRERSTAND. (ANDERES ROLLENDES MATERIAL BEFINDET SICH VOR DER LOKOMOTIVE).

3.3.1.14   B-14 (2C)

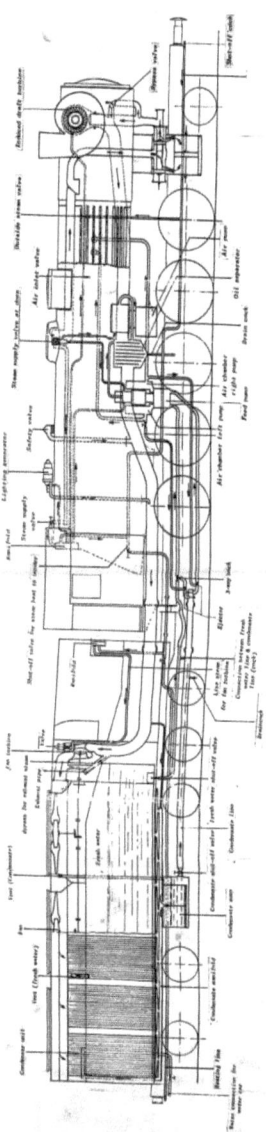

ABBILDUNG 24 – KONDENSA-
TIONSANORDNUNG

3.3.1.15   B-15 (2C)

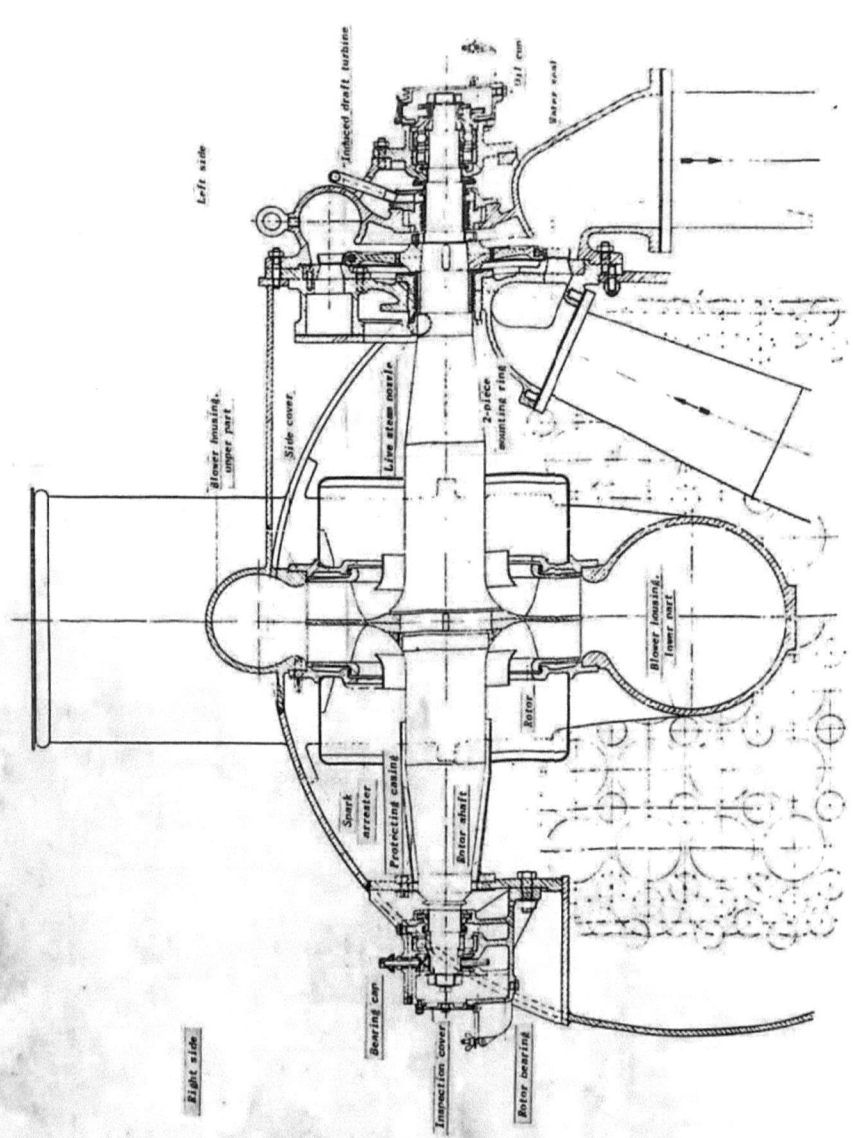

ABBILDUNG 25 – SAUGZUGTURBINE

3.3.1.16 B-16 (2C)

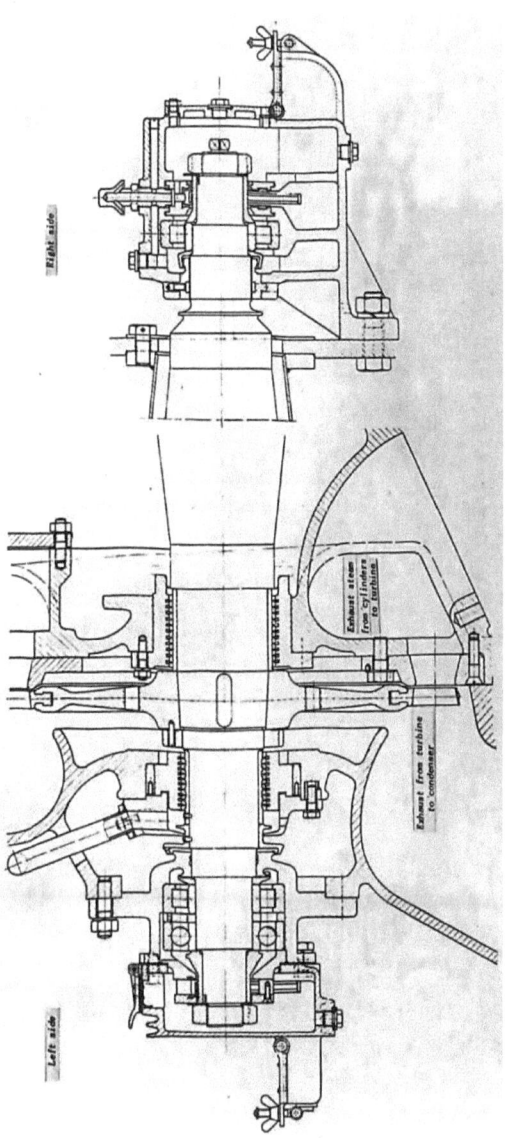

ABBILDUNG 26 – RECHTES UND LINKES LAGER DER SAUGZUGTURBINE

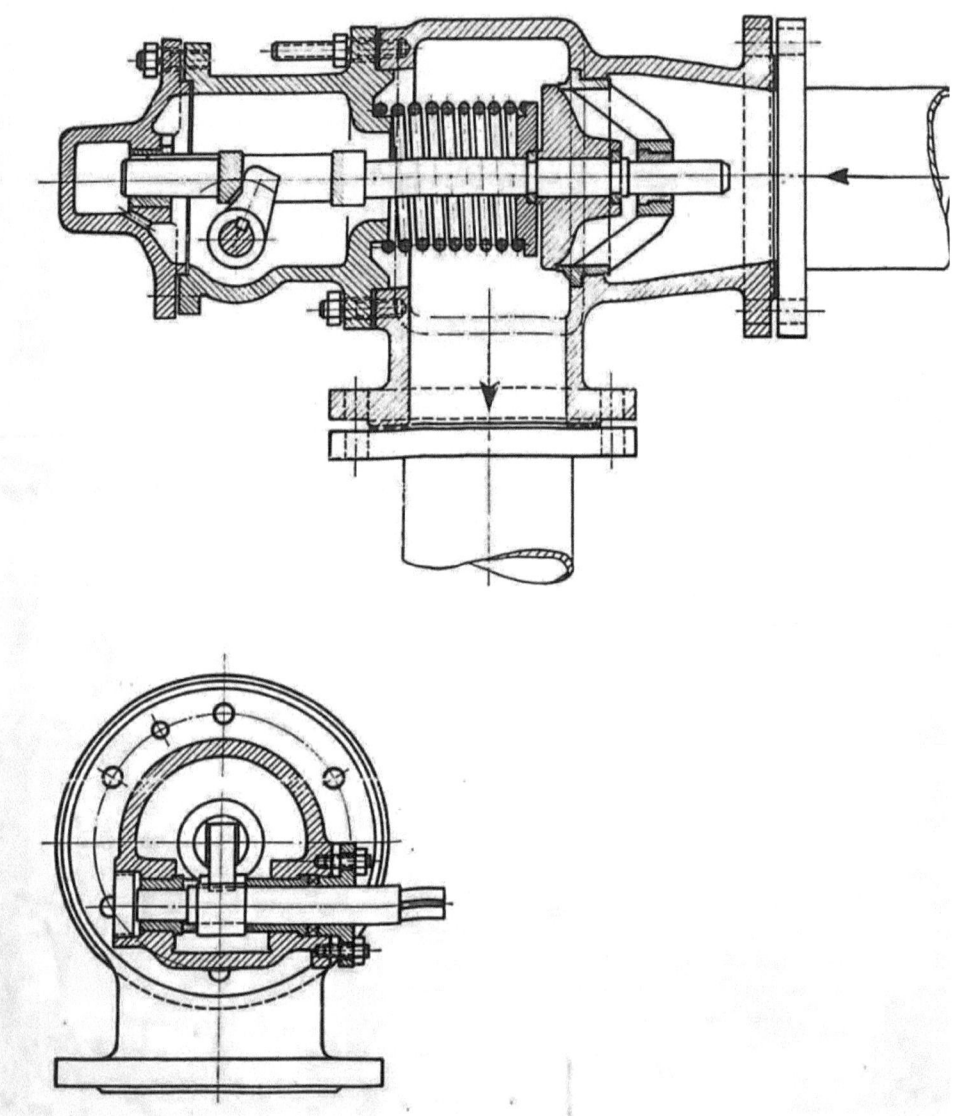

ABBILDUNG 27 – UMGEHUNGSVENTIL FÜR SAUGZUGTURBINE

3.3.1.18   B-18 (2B)

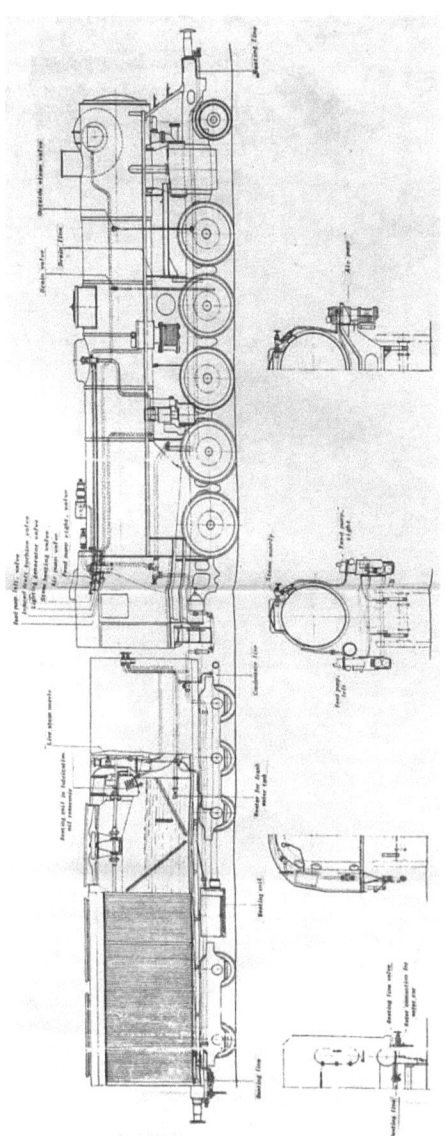

ABBILDUNG 28 - FRISCHDAMPFLEITUNGEN

3.3.1.19   B-19 (2C)

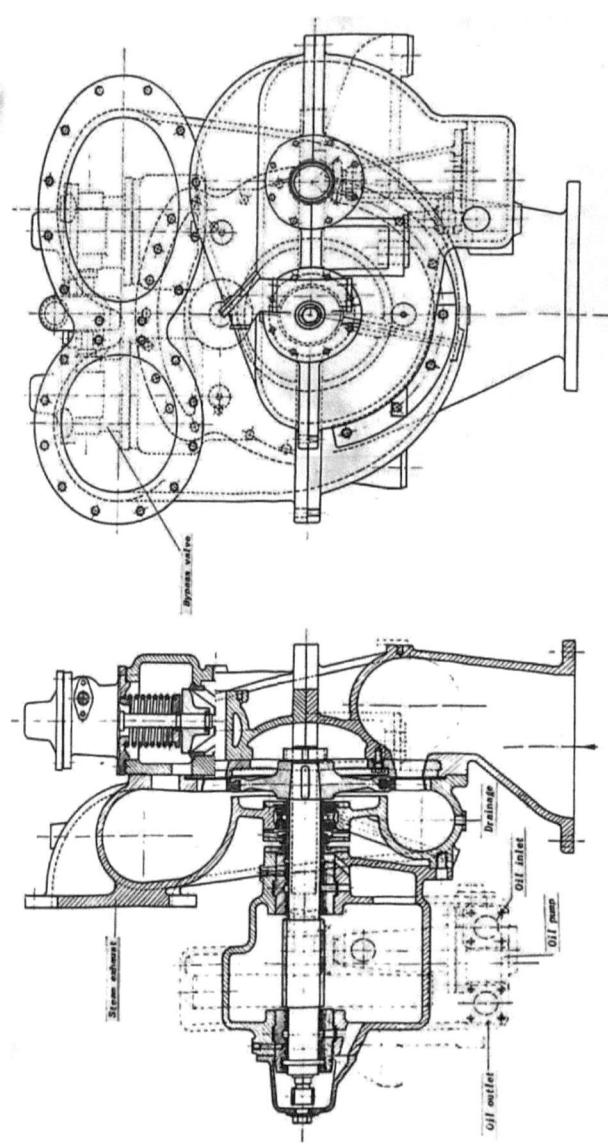

ABBILDUNG 29 – LÜFTERTURBINE (LÄNGSSCHNITT)

3.3.1.20   B-20 (2C)

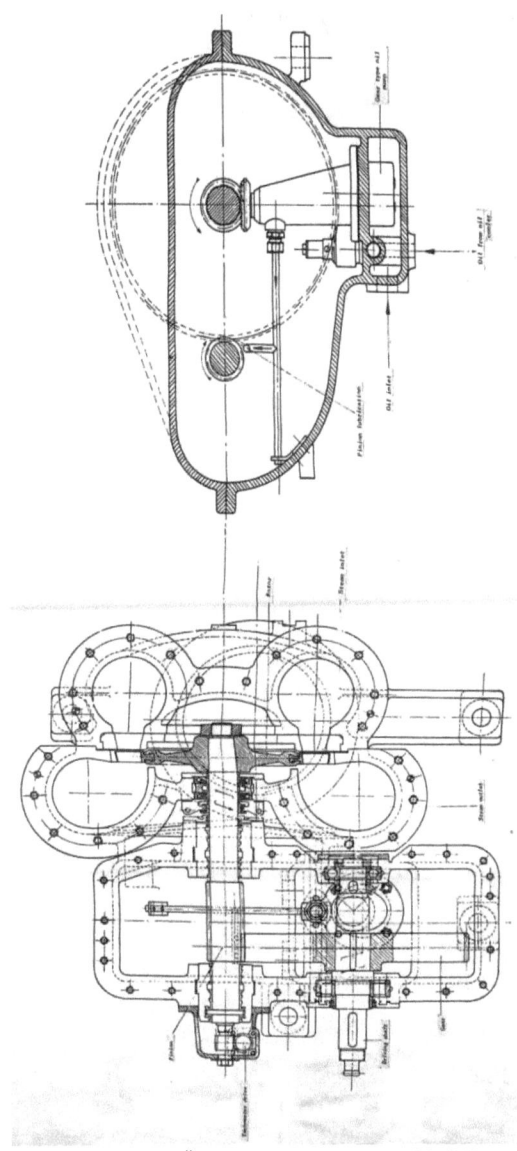

ABBILDUNG 30 – LÜFERTURBINE (GRUNDRISS UND
SCHNITT)

3.3.1.21 B-21 (2C)

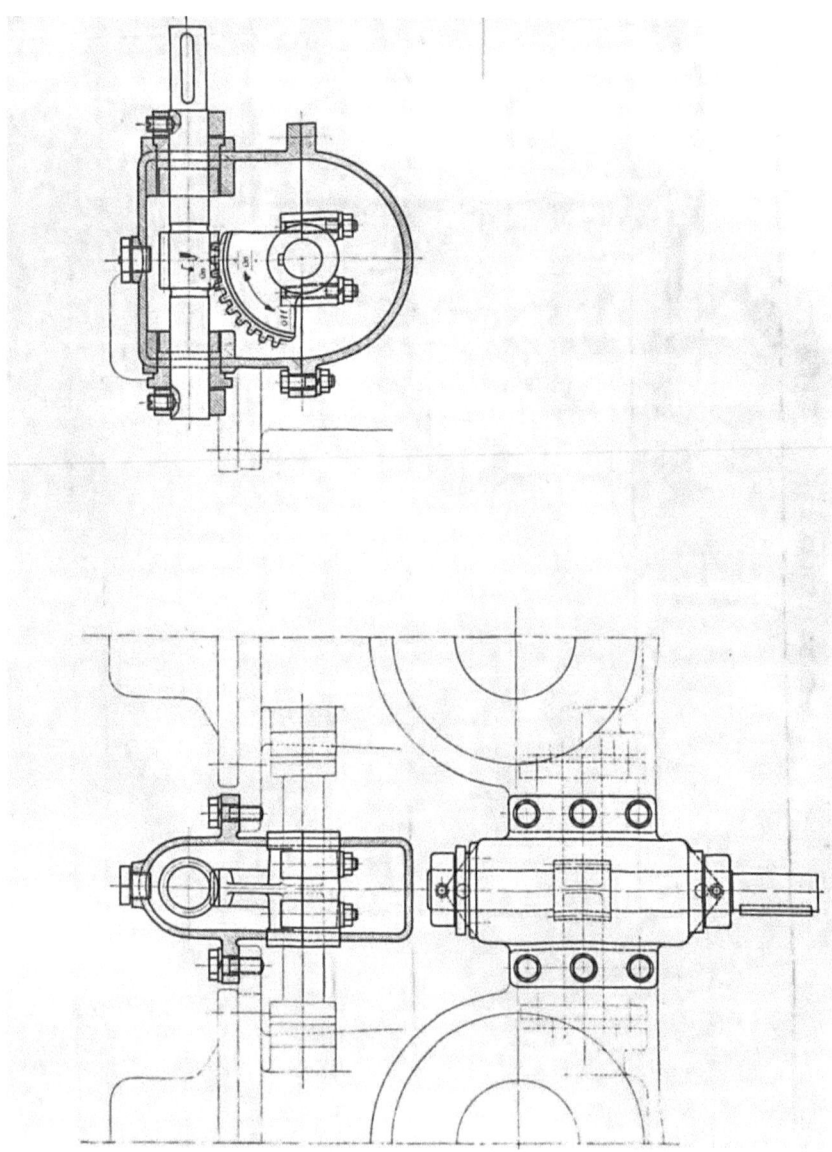

BILD 31 – ANTRIEB DES UMGEHUNGSVENTILS FÜR DIE LÜFTERTURBINE

3.3.1.22   B-22 (2C)

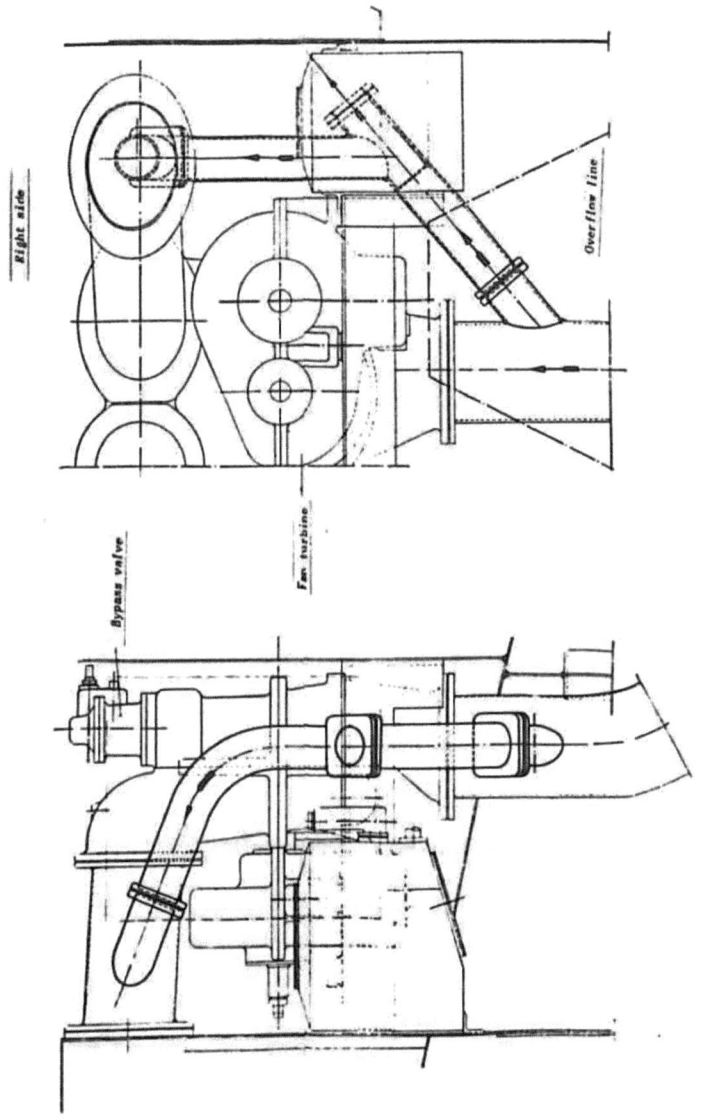

ABBILDUNG 32 – ABDAMPFUMGEHUNG

3.3.1.23   B-23 (2C)

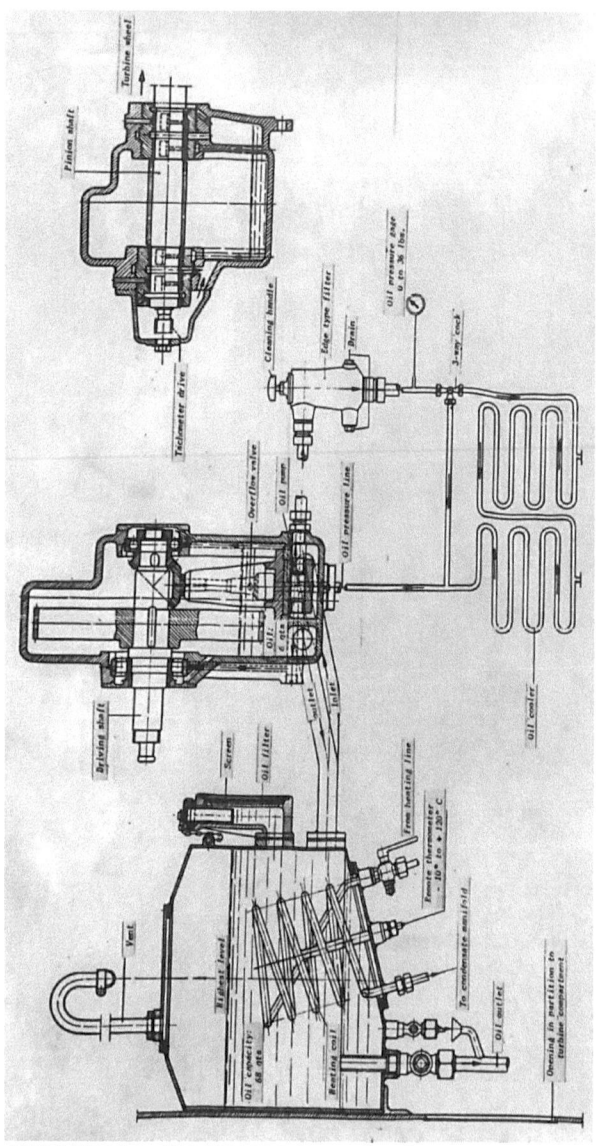

ABBILDUNG 33 – ÖLSCHMIERSYSTEM FÜR LÜFTERTURBINE

3.3.1.24   B-24 (2C)

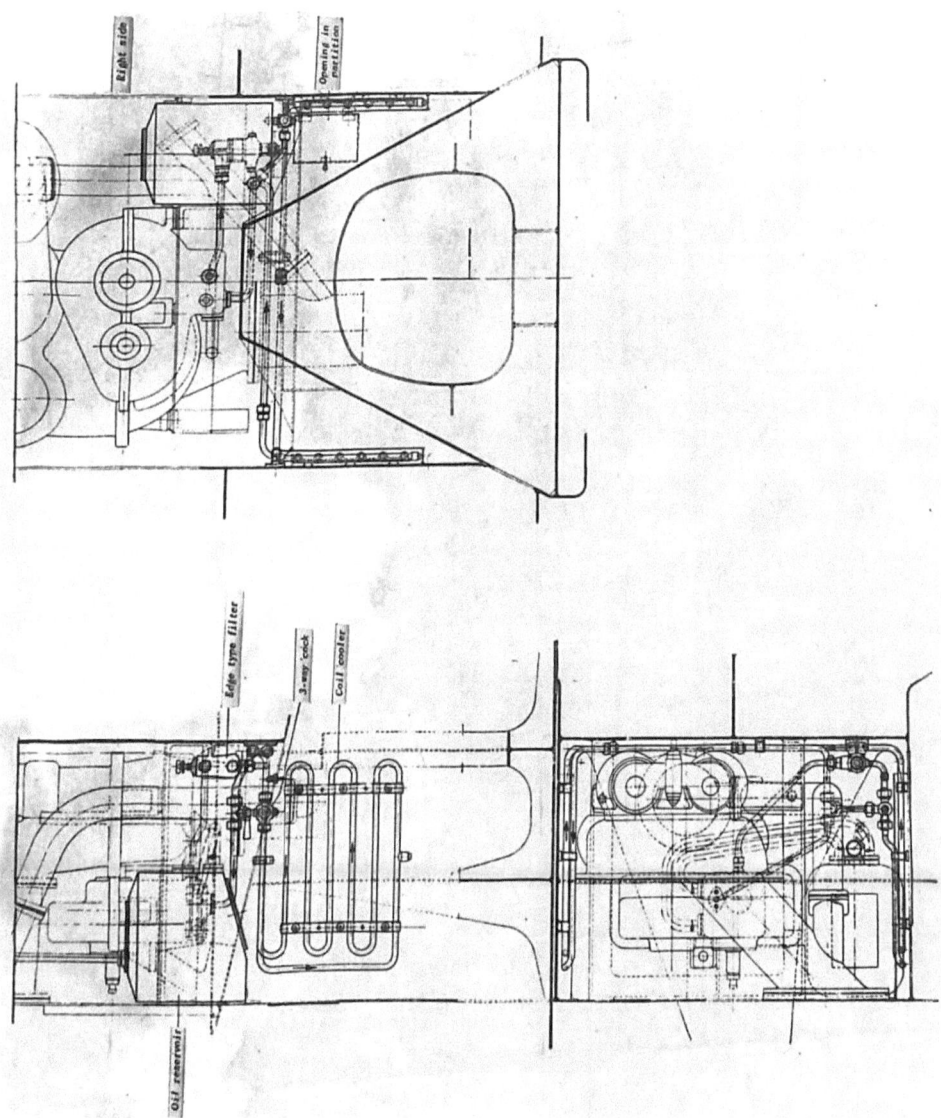

ABBILDUNG 34 – ANORDNUNG DES ÖLKÜHLERS

3.3.1.25   B-25 (2C)

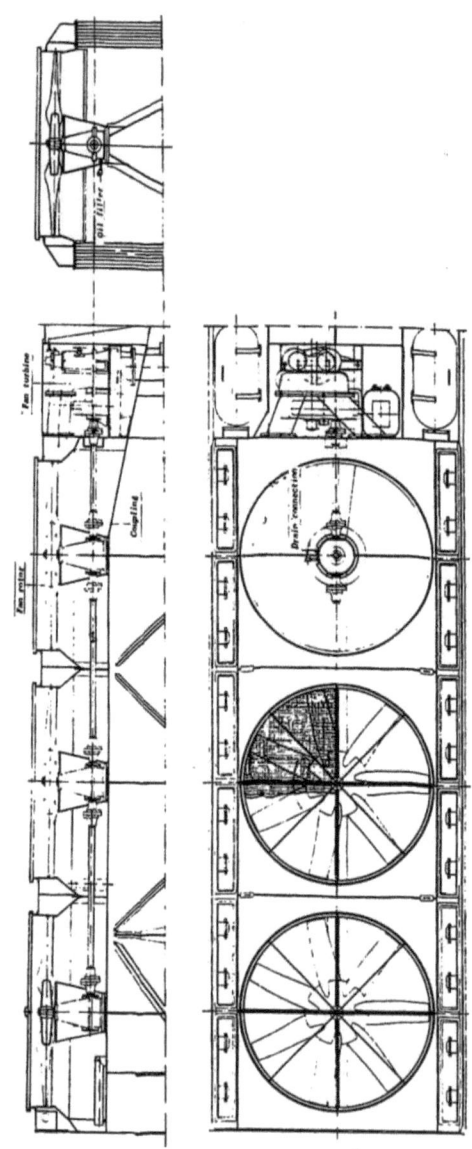

ABBILDUNG 35 – ANORDNUNG DER LÜFTER

3.3.1.26   B-26 (2C)

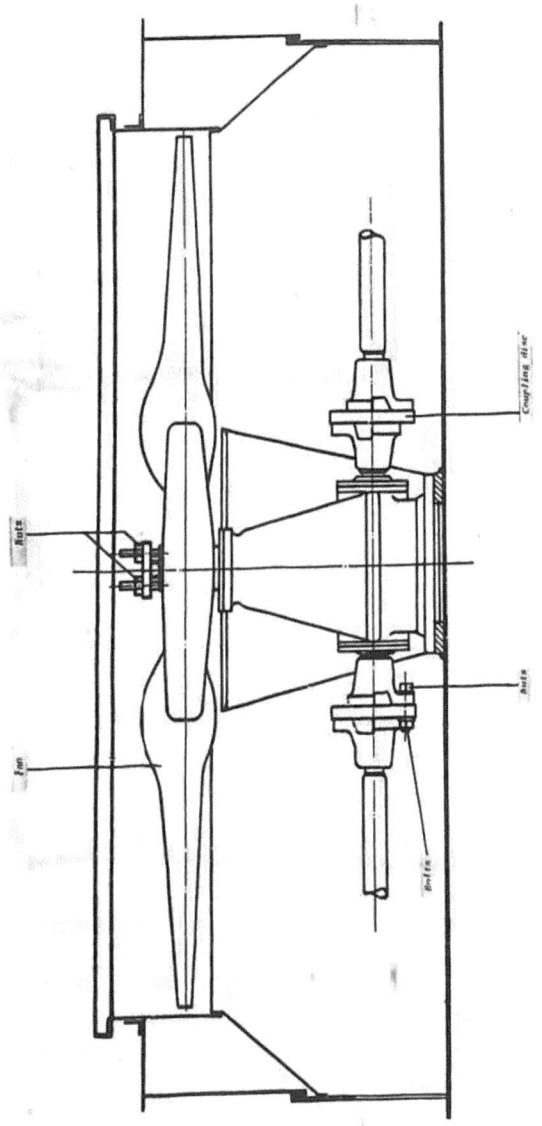

ABBILDUNG 36 – LÜFTERRAD-ABZIEHER

3.3.1.27   B-27 (2C)

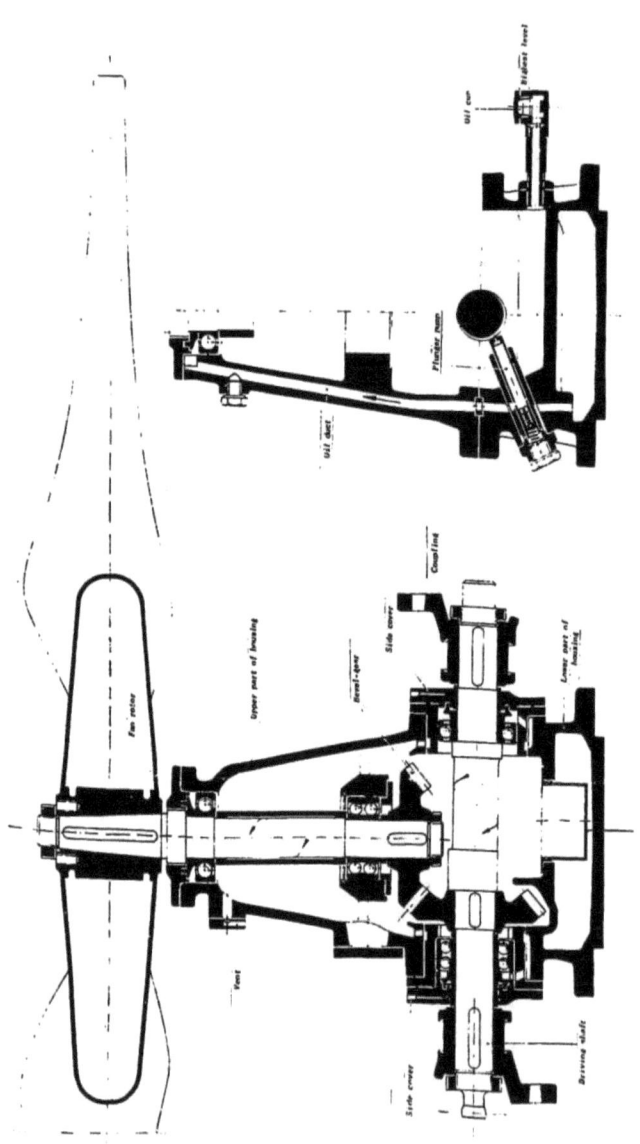

BILD 37 – LÜFTERGETRIEBEANTRIEB MIT KOLBENPUMPE

3.3.1.28   B-28 (2C)

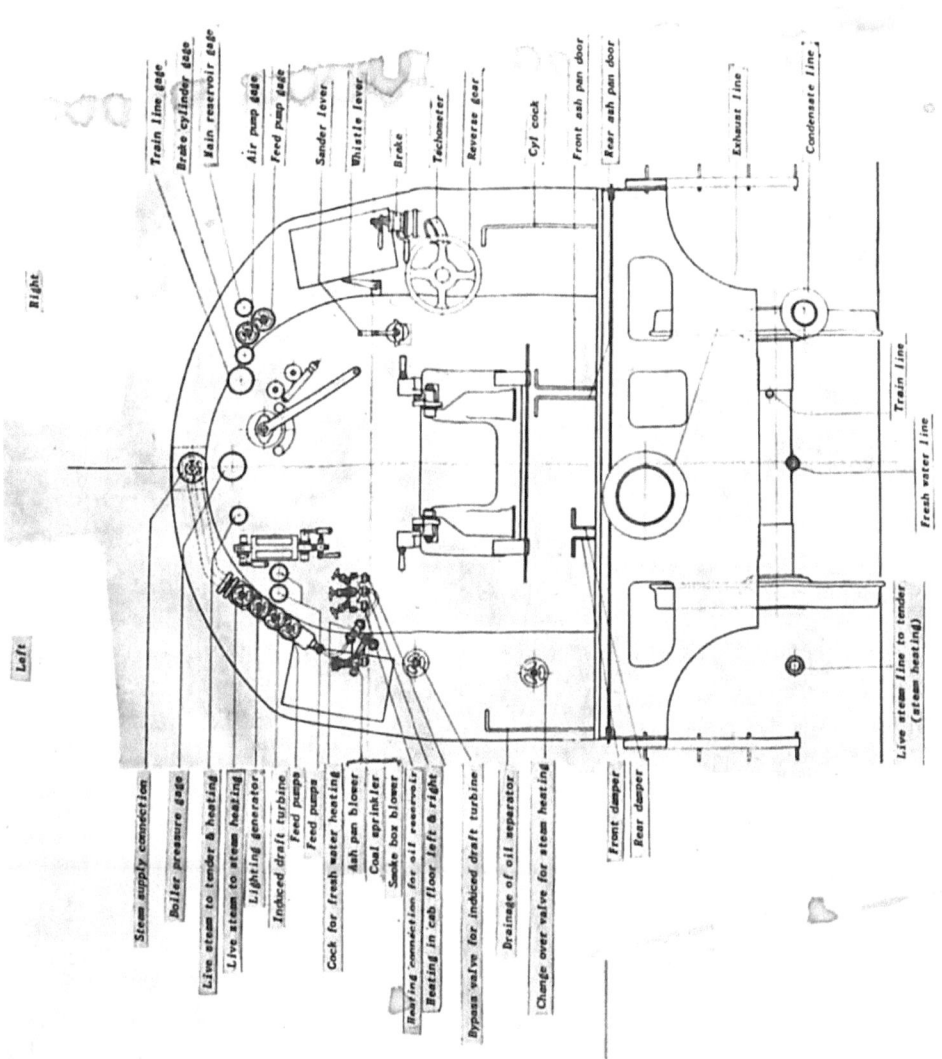

ABBILDUNG 38 – SCHEMATISCHE ANSICHT DES FÜHRERKABINE

3.3.1.29   B-29 (2C)

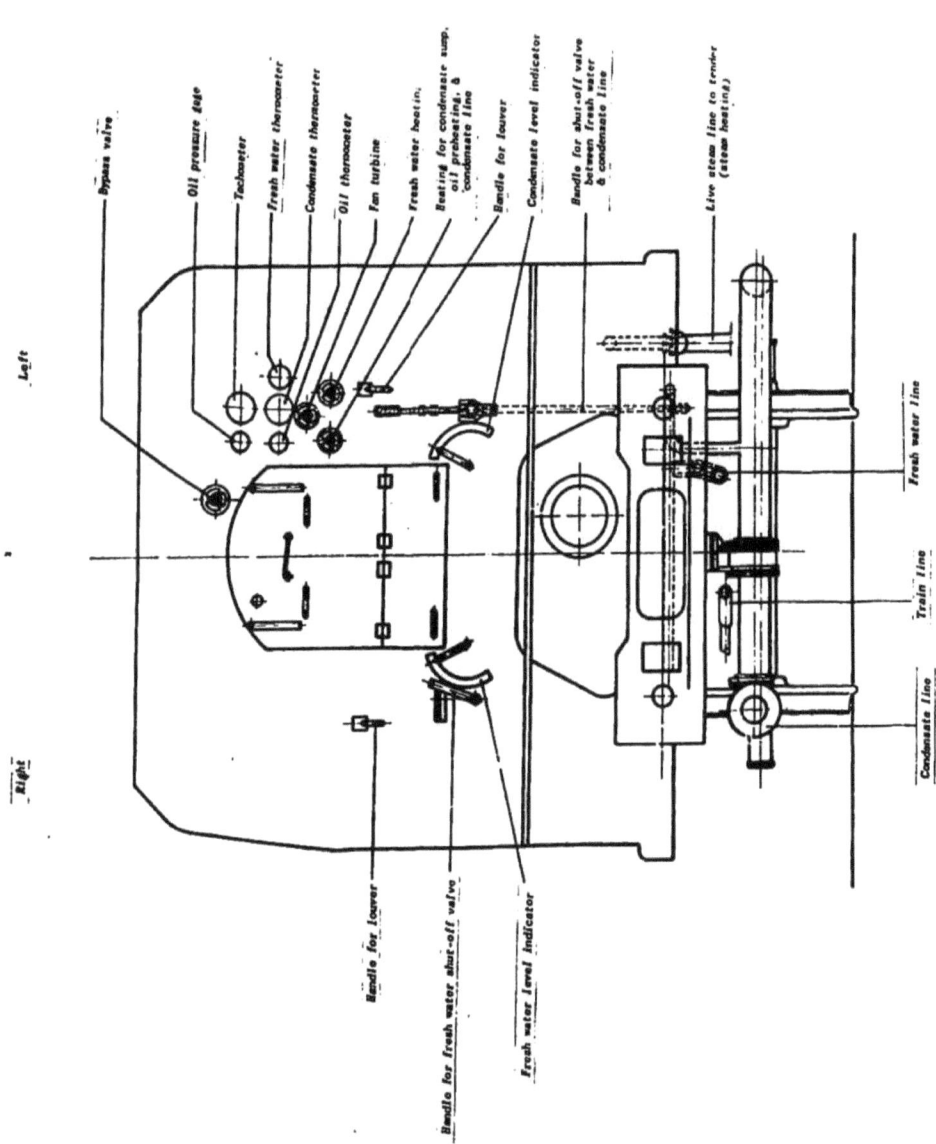

ABBILDUNG 39 – ANSICHT DER TENDERRÜCKSEITE VON DER FÜHRERKABINE AUS GESEHEN

3.3.1.30　B-30 (2C)

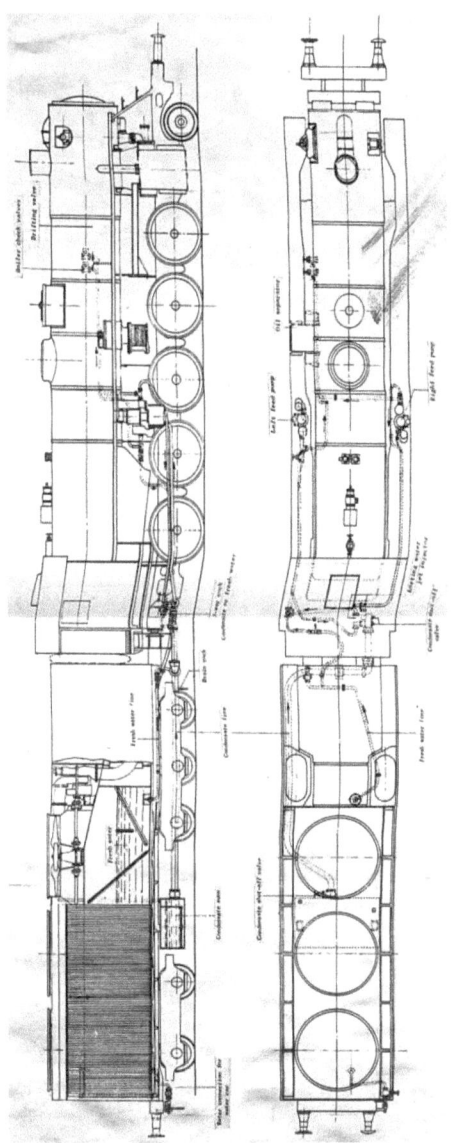

ABBILDUNG 40 – SPEISEPUMPEN UND SPEISE-
LEITUNGEN

3.3.1.31 B-31 (2C)

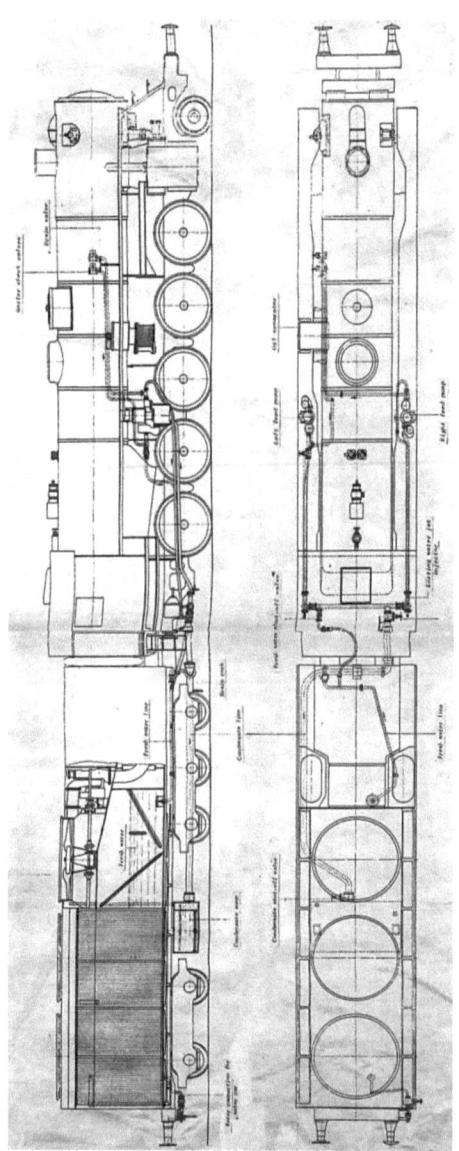

ABBILDUNG 41 – SPEISEPUMPEN UND SPEISE-LEITUNGEN

3.3.1.32   B-32 (2C)

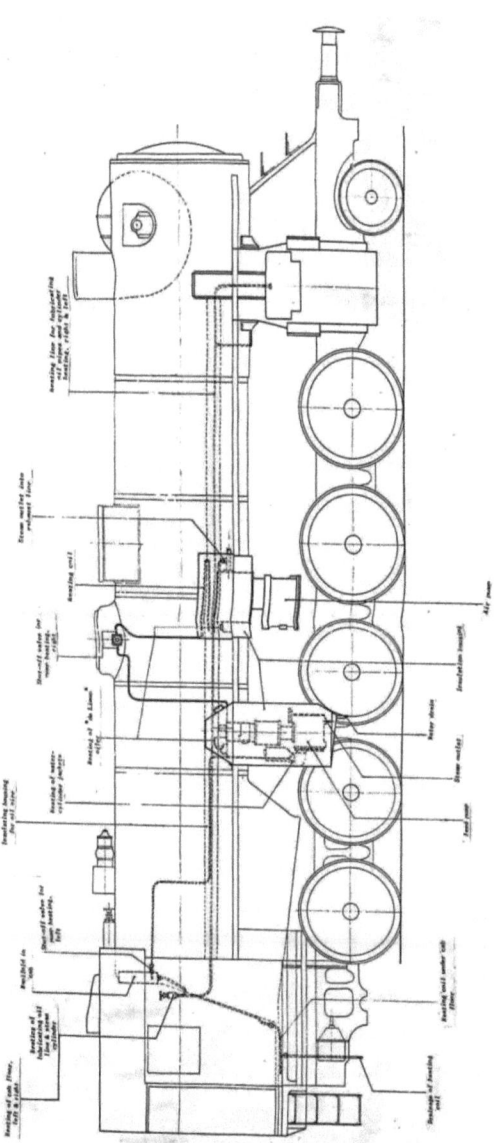

ABBILDUNG 42 – BEHEIZUNG VON LUFT- UND SPEISE-
PUMPEN, DES KABINENBODENS, DES SCHMIEROHRE
UND DES DAMPFZYLINDER

3.3.1.33 B-33 (2C)

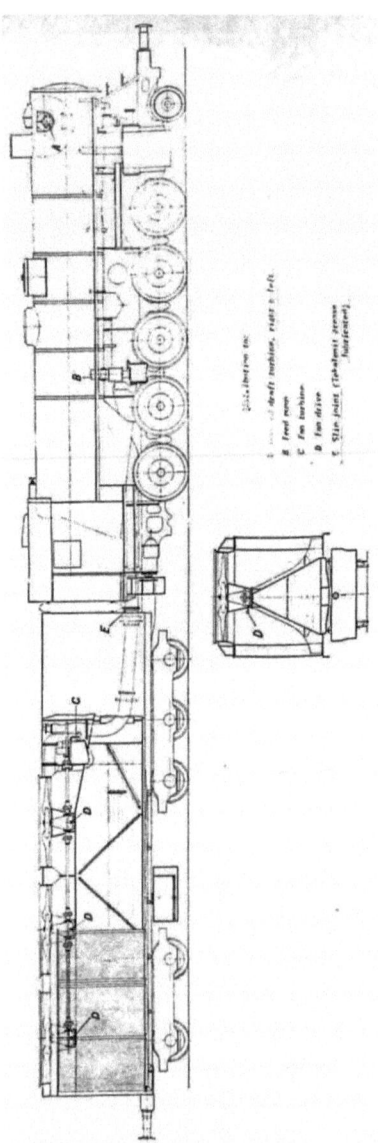

ABBILDUNG 43 – SCHMIERSTELLEN-
SCHEMA

3.3.1.34   B-34 (2C)

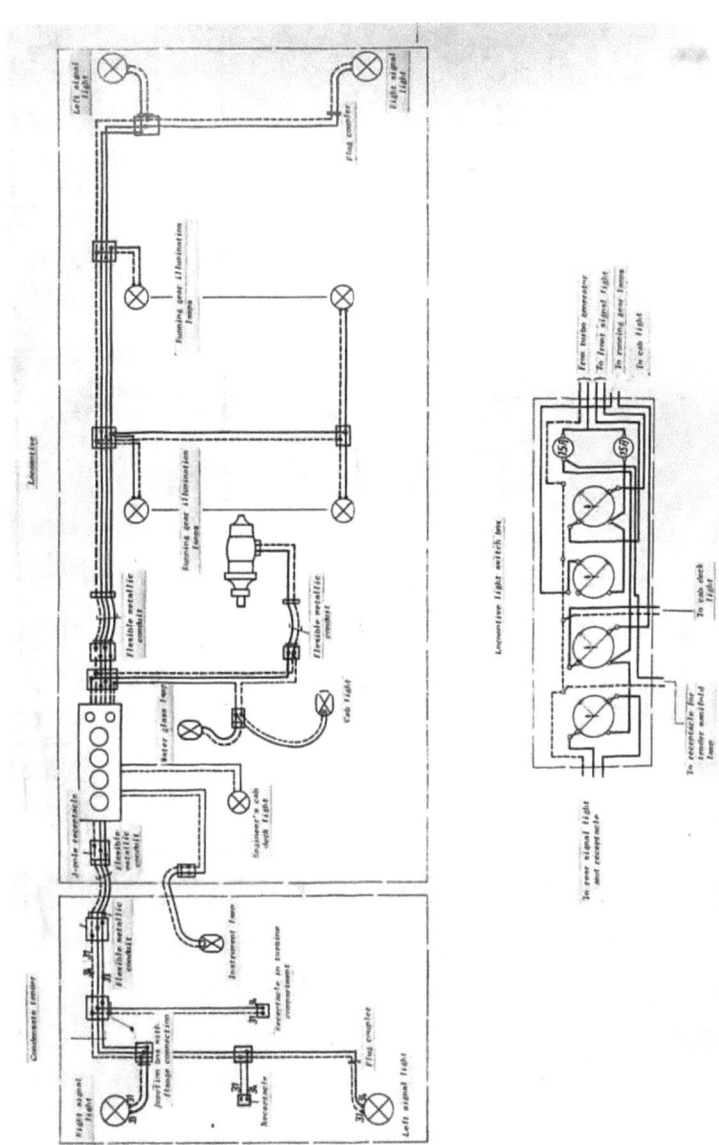

ABBILDUNG 44 – LICHTSTROMKREISE FÜR LOKOMOTIVE UND TENDER

3.4 Teil II (19 1001)

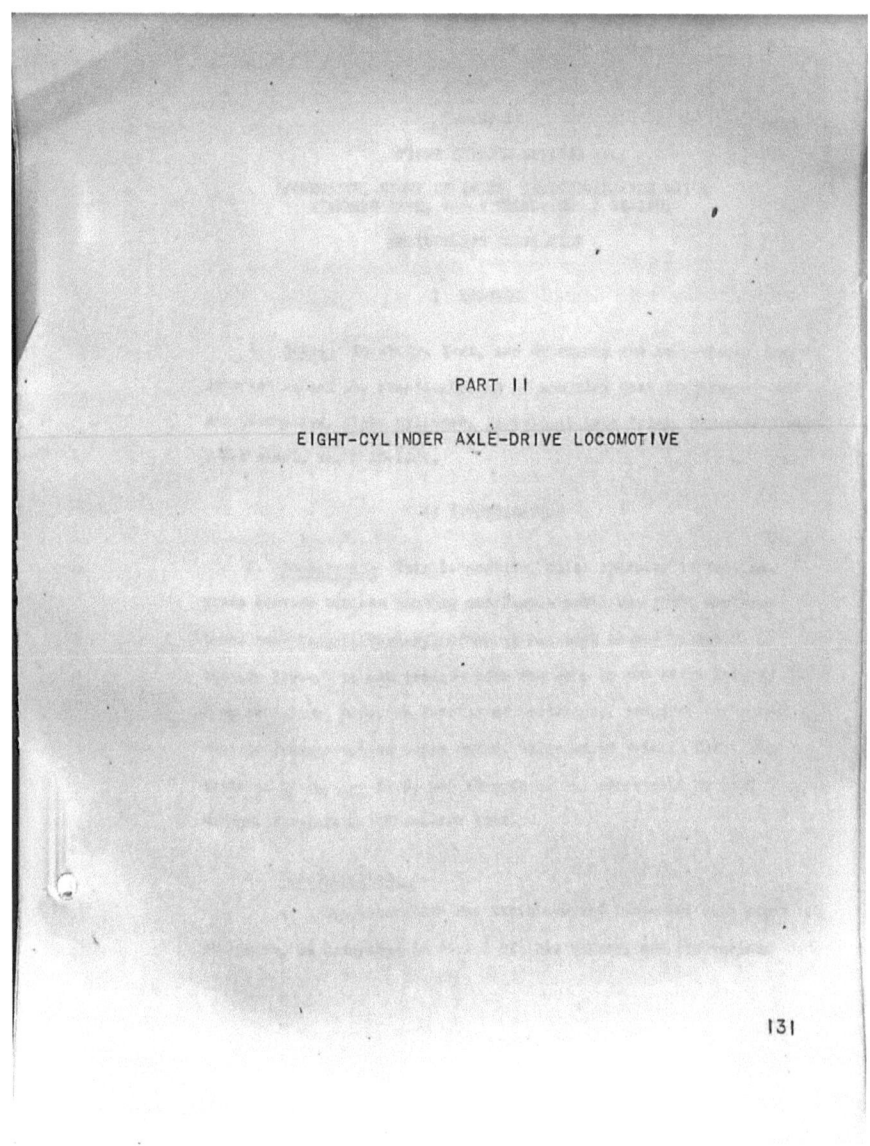

PART II

EIGHT-CYLINDER AXLE-DRIVE LOCOMOTIVE

131

TEIL II

ACHTZYLINDER-LOKOMOTIVE MIT ACHSANTRIEB

Teil II

ERSTER ZWISCHENBERICHT:

LOKOMOTIVE, ACHTZYLINDER, EINZELACHSANTRIEB
NORMALSPUR, ACHSFOLGE 2-8-2, NR. L 19-1001

TECHNISCHE UNTERSUCHUNG

I. THEMA

1. Zweck: Untersuchung, Erprobung und Bestimmung der Betriebseigenschaften und der Zweckmäßigkeit der Übernahme der bestmöglichen Merkmale der deutschen Lokomotive, Achtzylinder, Einzelachsantrieb, Normalspur, Achsfolge 2-8-2, Nr. L 19-1001.

II. UNTERSUCHUNG

2. Hintergrund: Diese Lokomotive, die bis Mai 1945 im Schnellzugdienst zwischen Hamburg und Berlin verkehrte, wurde in der Nähe von Kassel, Deutschland, erbeutet, nachdem sie von der US 9th Air Force[90] bombardiert worden war. Sie wurde vom 757th Railway Shop Battalion, europäischen Kriegsschauplatz, in die Werkstatt[91] gebracht, für den Transport zur Direktion des Transport Korps vorbereitet, am 11. Januar 1946 in Newport News, Virginia, entladen[92] und am 12. Januar 1946 auf eigenen Rädern nach Fort Monroe, Virginia, überführt.

3. Untersuchung:
a. Diese Lokomotive wurde mit anderer Ausrüstung ausgestellt und untersucht, wie in Teil I dieses Bandes[93] beschrieben, und die verschiedenen darin erwähnten Entwicklungen (Absatz 3, Unterabsätze a bis f) beziehen sich auch auf diese Einheit.
b. Eine Schnittzeichnung (Abb. 57), die die Anordnung von V-Motor und

---

[90] siehe (Wikipedia21)
[91] Gemeint ist Henschel & Sohn, Kassel. Bild vom Zustand vor der Instandsetzung, siehe (RA05, 1945)
[92] (Chessiemike, 2002) zeigt ein Foto nach der Entladung.
[93] Der erste Teil des Bandes liegt nicht vor.

Zylinder zeigt, findet sich in Anhang B-1 (2D).

 c. Die folgenden Daten und Beschreibungen dieser Lokomotive wurden aus übersetzten deutschen technischen Unterlagen, Messungen, Schätzungen und Berechnungen sowie einer Inspektion in Camp Patrick Henry, Virginia, zusammengestellt.

Tabelle 2

Hauptabmessungen und Daten

Lokomotive Nr. L 19-1001

Typ -	2-8-2
Spurweite -	4'8½" [1.435 mm]
Einsatzgebiet - - - - - - - - - - - - - - - - - -	Hochgeschwindigkeitspersonenzüge zwischen Hamburg and Berlin (8/41 bis 5/45)
Zylinder -	Vier Zweizylinder Dampfmotoren in V-Form, angebracht am Treibrad Nr. 1 rechts, Nr. 2 links, Nr. 3 rechts (Hauptantrieb), Nr. 4 links. Durchmesser 11^{13}/$_{16}$" x Kolbenhub 11^{13}/$_{16}$" [300 mm x 300 mm]
Zylinderkolbenventil - - - - - - - - - - - - -	7" Durchmesser [178 mm]
Kessel -	Stehkessel mit flacher Decke: 1. Schuss Durchmesser 63^{3}/$_{16}$" [1.605 mm]
Kesseldruck -	max. 284 p.s.i. [20 bar] Betriebsdruck 240 p.s.i. [16,6 bar]
Feuerbüchse - - - - - - - - - - - - - - - - - - -	Stahl
Rostfläche -	48.97 sq.ft. [4,5 m²]
Rauchrohre -	43: 5¼" Außendurchmesser x 19' 3" lang [133 mm x 5.867 mm]
Heizrohre -	124: Außendurchmesser 2⅛" x 19' 3" Länge [54 mm x 5.867 mm]
Feuerschirm - - - - - - - - - - - - - - - - - - -	3 Bogenrohre 3" [76 mm]
Lokomotivgewicht - - - - - - - - - - - - - - -	242,000 lb. [110 t]
Treibradgewicht (ungefähr) - - - - - - - - -	165,000 lb. [75 t]
Gesamtgewicht, Lok und Tender (ca.) - -	431,000 lb. [196 t]

Tabelle 2 (Forts.)

Treibräder	Durchmesser 50" [*1.270 mm*]
Achsfolge:	
Kuppelachsen	16'2⅞" [*4.950 mm*]
Lok	37'0⅝" [*11.293 mm*]
Tender	19'8⁷/₃₂" [*6.000 mm*]
Gesamt, Lok und Tender	68'7³/₁₆" [*20.909 mm*]
Länge über Puffer	76'5½" [*23.305 mm*]
Max. Höhe	15'2" [*4.623 mm*]
Max. Breite	10'0½" [*3.061 mm*]
Zugkraft	30,200 lb. [*13,7 t*]
Adhäsionsfaktor[53]	5.4[53]
Kleinster Kurvenradius	291 feet [*88,7 m*]
Höchstgeschwindigkeit	110 Meilen pro Stunde [*177 km/h*]
Tenderdrehgestelle	vorne: 4 Räder hinten: 6 Räder
Wasser	10,040 gal. [*38 m³*]
Kohle	11.3 tons [*10,3 t*]
Gewicht:	
Leer	30.8 tons [*27,9 t*]
Voll	76.6 tons [*69,5 t*]
Hersteller	Henschel & Sohn, Kassel, Deutschland
Herstelldatum	1941

4. Lokomotivbeschreibung:

a. Diese Schnellzuglokomotive mit Einzelachsantrieb (Baureihe 19-1001 Henschel Werk Nr. 25.000) (Abb. 45, 46) war für Fahrgeschwindigkeiten bis zu 110 Meilen pro Stunde [*177 km/h*] ausgelegt. Da der konventionelle Stangenantrieb für solch hohe Geschwindigkeiten nicht geeignet ist, konstruierten die Erbauer einen Einzelachsantrieb. Ziel war es, einen günstigen Ausgleich der bewegten Massen zu erreichen, der die bei hohen Geschwindigkeiten üblicherweise auftretenden Stoßkräfte und Momente eliminiert. Probeläufe und Fahrbetrieb haben bewiesen, dass dieses Ziel erreicht wurde, was zu einer besonders ruhigen Fahrt führte.

b. Die betreffende Lokomotive reicht bis an die Grenzen des Standard-Lichtraumprofils heran. Der abnehmbare Schornstein und die Windleitbleche ragen in das Lichtraumprofil hinein, und zwar bis zu einer Höhe von 13 Fuß 9³/₁₆ Zoll [*4.196 mm*] bzw. 15 Fuß 2 Zoll [*4.623 mm*] über Schienenniveau. Diese Teile bleiben jedoch innerhalb der beweglichen Standardabmessungen. Ein Radstand von insgesamt 63 Fuß 7³/₁₆ Zoll [*19.385 mm*] für Lokomotive und Tender erlaubt die Verwendung von Drehscheiben mit einem Durchmesser von 65 Fuß 7½ Zoll [*20 m*]. Das Gewicht auf den Treibrädern beträgt etwa 16,8 tons [*15,2 t*].

c. Zweirädrige Führungs- und Nachlauf-Drehgestelle sind angebracht, um eine gute Führung auf der Strecke bei hohen Geschwindigkeiten zu gewährleisten. Die vorlaufende Achse ist mit dem vorderen Paar Antriebsräder zu einem Drehgestell vom Typ Krauss-Helmholtz verbunden. Die vordere Laufachse hat eine seitliche Bewegung von 3³/₁₆ Zoll [*81 mm*], während das Seitenspiel der Antriebsachse, mit der es verbunden ist, ⁵/₁₆ Zoll [*8 mm*] beträgt. Die Schleppachse ist als Bissel-Achse mit einem Seitenspiel von 2⁹/₁₆ Zoll [*65 mm*] ausgelegt. Darüber hinaus wurden die Spurkränze der dritten Kuppelachse um ¹⁹/₃₂ Zoll [*15 mm*] reduziert, so dass die Lokomotive Kurven von 459 Fuß [*140 m*] problemlos durchfahren kann. Wälzlager werden durchgängig an allen Zapfen von Lokomotiven, Antriebsmotoren, Anhängern und Tendern eingesetzt.

d. Die Lokomotive wird von vier V-förmig angeordneten Dampfmaschinen angetrieben, die abwechselnd auf der rechten und linken Seite der Lokomotive angeordnet sind. Jede von ihnen wirkt auf eine der Antriebsachsen. Jede Dampfmaschine hat zwei Zylinder, die in einem Winkel von 90° angeordnet sind, wobei sowohl der Hub als auch der Durchmesser 11¹³/₁₆ Zoll [*300 mm*] beträgt (Abb. 47). Die Zylinder sind standardmäßig mit Kolbenventilen mit Inneneinlass ausgestattet. Die Ventile werden durch einen Exzenter betätigt, der beide Kolbenventile steuert. Der Exzenter wird durch eine Welle angetrieben, die durch Stirnräder von der darunter befindlichen Kurbelwelle angetrieben wird. Der Wechsel des Auslasses und die Umkehrung erfolgen durch Veränderung der Einstellung zweier Exzenterglieder, die in konzentrischen Positionen angeordnet sind. Das gesamte Antriebsgetriebe und der Ventilantrieb sind in einem öldichten Gehäuse eingeschlossen. Die Dampfmaschinen sind am Lokomotivrahmen aufgehängt und bilden einen Teil des federgelagerten Lokomotivaufbaus. Die Kraftübertragung vom Kolben auf die Antriebsräder erfolgt über zwei Gelenke zwischen Kolbenstange und Kurbelwelle. Da bei dieser Art der Kraftübertragung ein reines Drehmoment erzeugt wird, werden durch die wechselnden Kolbenstangenkräfte keine Spannungen auf die Antriebskästen des Lokomotivrahmens oder deren Führungen übertragen. Es sind kleine Antriebsräder vorgesehen, um einen Geschwindigkeitswechsel mittels eines Getriebes zwischen den Kurbelwellen der Dampfmaschinen und den Achsen der Antriebsräder zu vermeiden. Die Antriebsmaschinen arbeiten mit hoher Geschwindigkeit, da der Antriebsraddurchmesser nur 50 Zoll [1270 mm] beträgt und somit das Maschinengewicht vergleichsweise gering gehalten werden kann. Das kombinierte Gewicht von Motoren und vier Antriebsradpaaren ist geringer als das Gesamtgewicht von Antriebssatz, Rädern und Achsen der üblichen Schnellzuglokomotive mit drei gekuppelten Achsen. Ein Paar Antriebsräder von 50 Zoll Durchmesser mit Federn und Antriebskästen wiegen zusammen nur etwa halb so viel wie der übliche Radsatz mit größerem Durchmesser einer Schnellzuglokomotive des Standardtyps. Folglich ist die ungefederte Belastung viel geringer als bei einer Schnellzuglokomotive des Standardtyps, und der Verschleiß an Gleis und Fahrbahn wird dadurch stark reduziert (Abb. 48, 49).

ABBILDUNG 45 – ACHTZYLINDER-LOKOMOTIVE MIT ACHSANTRIEB
NR. L 19-1001. ANSICHT DER LINKEN SEITE VON LOKOMOTIVE UND TENDER.[55]

ABBILDUNG 46 – ACHTZYLINDER-LOKOMOTIVE MIT ACHSANTRIEB
NR. L 19-1001. ANSICHT DER FRONTPARTIE.

ABBILDUNG 47 – V-FÖRMIGER MOTOR BEFESTIGT AM RECHTEN HINTE-REN ANTRIEBSRAD. Motor und Gehäuse sind über einen Lagerzapfen auf dem Lokomotivrahmen gelagert.

ABBILDUNG 48 – RECHTE SEITENANSICHT. Ansicht der Getriebewelle für den Rückwärtsgang an der Stelle, an dem diese auf die linke Seite [*der Lokomotive*] wechselt, um die Motoren Nr. 1 und 3 zu steuern. Die Zugstange zwischen dem Motor Nr. 2 und dem Lokomotivrahmen ist unten auf dem Foto zu sehen.

5. Der Kessel

a. Die Kesselbleche sind 17,5 mm dick und die der äußeren Feuerbüchse 17 mm ($^{43}/_{64}$ Zoll). Die Feuerbüchsenrohrwand ist aufgrund der Bördelung ebenfalls 17,5 mm dick. Die gesamte Kesselkonstruktion ist genietet. Ein Dom, in dem der Regler untergebracht ist, ist auf dem Kessel montiert, und die Kesselspeiseeinrichtung ist in ähnlicher Weise untergebracht und montiert. Der Kessel wird in der üblichen Weise am Rahmen befestigt und abgestützt. Für die Kesselverkleidung wird Glasfaser verwendet.

b. Die innere Feuerbüchse, die durchgehend geschweißt ist, besteht aus 10 mm ($^{25}/_{64}$ Zoll) dicken Stahlblechen. Die direkte Heizfläche beträgt 193,68 sq.ft. [*18 m²*] mit einer zusätzlichen Fläche von 21,52 sq.ft. [*2 m²*], die von drei Bogenrohren mit 3 Zoll [*76 mm*] Außendurchmesser gebildet wird, auf denen der Feuerschirm abgestützt ist (Abb. 50). Die gesamte Verdampfungsheizfläche (Feuerkontakt) beträgt 2.583 sq.ft. [*240 m²*]. Die anderen Teile des Kessels sind in konventioneller Bauweise ausgeführt. Der Regler ist mit einem zentrifugalen Wasserabscheider versehen. Es wird ein Schmidt-Überhitzer mit zwei U-Rohren verwendet. Der Rost besteht aus starren Stäben und verfügt über einen spindelgetriebenen Abwurfbereich. Wie bei den meisten Lokomotiven der Deutschen Reichsbahn ist der Kessel mit einer Feuertür vom Typ Marcotty mit Feuerlochschoner, einem Dampfdom, einem Gestra-Abschlammventil, einem Friedmann-Injektor und zwei Ackermann-Sicherheitsventilen ausgestattet.

6. Bremsen und Luftpumpe

Druckluftbremsen sind mit selbsttätigen, einstufigen Bremsventilen ausgestattet, die mit einem Regelbetriebsdruck von 71 p.s.i. [*4,9 bar*] und einem Hauptluftbehälterdruck von 142 p.s.i. [*9,8 bar*] arbeiten. Die Luftversorgung erfolgt durch eine Knorr-Bremse-Doppelverbundluftpumpe (Abb. 53), die der 8½-zölligen [*216 mm*] Luftpumpe von Westinghouse Air Brake Co.[94] ähnlich ist. Die Bremsbacken sind zweiteilig an den Bremsköpfen angebracht.

7. Diverse Ausrüstung

Das Kraftwendegetriebe, die Sandstreueinrichtung und die Zylinderhähne sind druckluftbetätigt. Vor jedem Antriebsrad sind Sandfallrohre eingebaut. Der elektrische Lichtgenerator hat eine Nennspannung von 24 Volt, 500 Watt. Die Speisewasserausrüstung besteht aus einer Speisewasserpumpe und -heizung sowie einer Pumpe. Es gibt keine Prüfhähne. Zwei Röhrenwassergläser sind mit Abschirmungen

---

[94] Jetzt Wabtec Corporation, Wilmerding/PA (Wikipedia22)

ABBILDUNG 49 – RECHTE SEITENANSICHT. ANSICHT VON DER DAMPFZUFUHR UND DER ABDAMPFROHRE ÜBER DEM ERSTEN TREIBRAD.[55]

ABBILDUNG 50 – DAS INNERE DES FEUERRAUMS. ANSICHT DES FEUER-SCHIRMS UND DER FEUERROHRE.

ABBILDUNG 51 – SCHERENBREMSE AM TREIBRAD.

ABBILDUNG 52 – SCHERENBREMSE RECHTS AM TREIBRAD NR. 3

und schnell schließenden Absperrhähnen versehen. Alle beweglichen Teile der Lokomotive und der Zylinder werden durch mechanische Zwangsschmiereinrichtungen geschmiert. Die Laufräder sind stahlbereift und haben einen Durchmesser von 42½ Zoll [*1080 mm*]. Die Treibräder haben einen Durchmesser von 48 Zoll [*1219 mm*] mit Speichen. Die Zugsicherung ist auf dem Rahmen vorne rechts am Führerstand montiert und ein großes Steuerpult befindet sich rechts im Führerstand (Abb. 54, 55, 56).

III. DISKUSSION

8. Vorgeschlagenes Testprogramm

a. Nach Abschluss der Untersuchung wurde beschlossen, dass bestimmte Komponenten einen potenziell militärischen Wert haben könnten und zu Testzwecken entfernt werden sollten.

b. Mit der Nathan Manufacturing Co.[95] wird ein Programm zum Testen der folgenden Ausrüstung vereinbart:

(1) Mechanische Zwangsschmiereinrichtung mit Ölstandsglas, komplett mit einem Ölabscheider in der Rohrleitung und einem Rückschlagventil.

(2) Mechanische Schmiervorrichtung, auf der Luftpumpe montiert, komplett mit einem Rückschlagventil.

(3) Injektor auf der linken Seite der Lokomotive. Diese Pumpe wird wie in Anhang B-2 (2D) beschrieben geprüft.

c. Mit der Firma Westinghouse Air Brake Co.[94] werden derzeit Vorkehrungen getroffen, um die 8½-Zoll-Doppelverbundluftpumpe von Knorr-Bremse zu testen. Dieser Test wird gemeinsam von Westinghouse Air Brake Co. und New York Air Brake Co.[96] in der Testanlage von Westinghouse in Wilmerding, Pennsylvania, durchgeführt. Die Einheit von Knorr-Bremse wird bei voller Leistung im Vergleich mit der 8½-Zoll-Doppelverbundluftpumpe von Westinghouse Air Brake Co. getestet. Die Tests werden bei verschiedenen Kesseldrücken (227, 200, 175 und 150 p.s.i. [*15,7; 13,8; 12,1; 10,4 bar*]), Druckzyklen pro Minute und Luftdrücken durchgeführt. Die Daten aus den oben genannten Tests werden auch mit den entsprechenden Daten der

---

[95] South Windham/CT (Wikipedia23)
[96] in Watertown/NY (Wikipedia24)

einfach wirkenden 9½-Zoll- [*241 mm*] und 11-Zoll- [*279 mm*] -Luftpumpen von Westinghouse verglichen.

d. Ein Fliehkraftdrehzahlregler wird aus dem Tender ausgebaut und in der Testanlage der Westinghouse Air Brake Co. in Wilmerding (Pennsylvania) gemeinsam mit der New York Air Brake Co. einem gründlichen Test im Vergleich zu elektrischen und mechanischen Steuerungen unterzogen. Es wird auch ein Servicetest dieser Steuerung zum Vergleich mit den heute in den Vereinigten Staaten verwendeten Steuerungen durchgeführt.

e. Die Timken Roller Bearing Co.[88] möchte eine Wälzlagereinheit von der Achse des Tenders entfernen und sie einem Vergleichstest mit dem in den Vereinigten Staaten verwendeten Typ unterziehen.

f. Franklin Railway Supply Co.[97] möchte einen der Motore des V-Typs für Studien und Tests in ihrem Werk Balmar in Baltimore, Maryland, entfernen.

9. Status dieser Studie:

a. Es wird geschätzt, dass diese Studie derzeit zu etwa 25 Prozent abgeschlossen ist. Das geschätzte Fertigstellungsdatum für Komponententests ist der 31. Dezember 1947.

b. Die zum Abschluss dieser Studie erforderlichen Arbeiten bestehen aus Tests der folgenden Komponenten:

(1)   Mechanische Zwangsschmiereinrichtung
(2)   Mechanische Schmiereinrichtung an der Luftpumpe
(3)   Injektor
(4)   Knorr-Bremse-8½-Zoll-Doppelverbundluftpumpe
(5)   Fliehkraftdrehzahlregler
(6)   Rollenlager-Einheit
(7)   V-Typ Motor

---

[97] heute: Franklin Balmar Corporation Baltimore/MD (Wikipedia25)

ABBILDUNG 53 – KNORR-BREMSE VERBUNDLUFT-LUFTPUMPE. MON-
TIERT AUF DER RECHTEN SITE DER LOKOMOTIVE, HINTER DER TREIBACHSE.[55]

ABBILDUNG 54 – INNENRAUM DES FÜHRERHAUSES. ANSICHT DER KESSEL-
AUSRÜSTUNG.

ABBILDUNG 55 – DAS INNERE DER RAUCHKAMMER.

ABBILDUNG 56 – ANSICHT DER VORDERSEITE DES TENDERS. ANSICHT DES KOHLENKASTENS UND DER HANDBREMSE.

3.4.1 Anhang B

ANHANG B

UNTERSUCHUNG UND DISKUSSION

3.4.1.1   B-1 (2D)

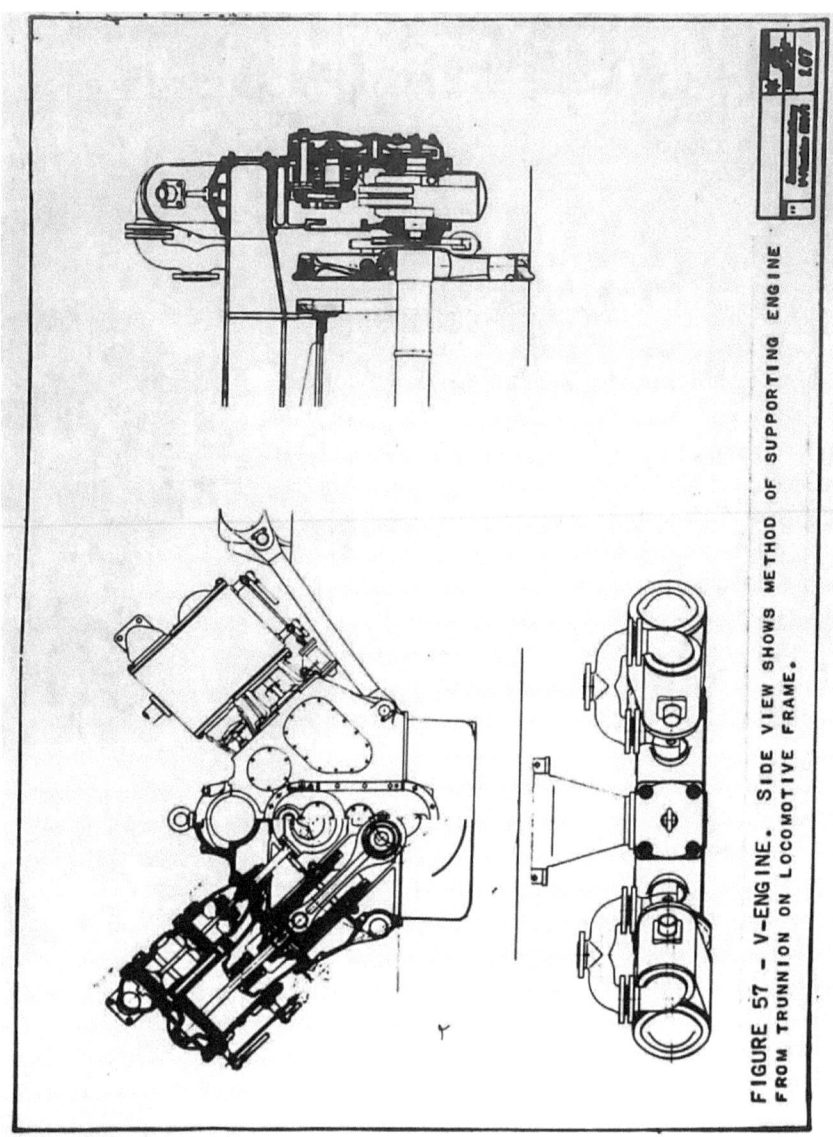

ABBILDUNG 57 – V-MOTOR. DIE SEITENANSICHT ZEIGT DIE ART DER BEFESTIGUNG DES MOTORS ÜBER EINEN LAGERZAPFEN AM LOKOMOTIVRAHMEN.[55]

3.4.1.2   B-2 (2D)

Verfahren zur Prüfung von Strahlpumpen

1. Betriebsmerkmale

    a. Arbeitsweise

    b. Neustart

    c. Überdruck

    d. Vakuum-Prüfungen

2. Kapazitätswerte in Gallonen pro Stunde (mit Gegendruckwerten)

    a. Bei einem Kesseldruck von 150 p.s.i. [*10,4 bar*]

        (1) Bei einer Ansaugtemperatur von 60° [98]

        (2) Bei einer Ansaugtemperatur von 80°

        (3) Mit Ansaugtemperatur von 100°, wenn betriebsfähig, sonst bei höchster Temperatur

    b. Bei einem Kesseldruck von 175 p.s.i. [*12,1 bar*]

        (1) Bei einer Ansaugtemperatur von 60°

        (2) Bei einer Ansaugtemperatur von 80°

        (3) Mit Ansaugtemperatur von 100°, wenn betriebsfähig, sonst bei höchster Temperatur

    c. Bei einem Kesseldruck von 200 p.s.i. [*13,8 bar*]

        (1) Bei einer Ansaugtemperatur von 60°

        (2) Bei einer Ansaugtemperatur von 80°

        (3) Mit Ansaugtemperatur von 100°, wenn betriebsfähig, sonst bei höchster Temperatur

    d. Bei einem Kesseldruck von 225 p.s.i. [*15,5 bar*]

        (1) Bei einer Ansaugtemperatur von 60°

        (2) Bei einer Ansaugtemperatur von 80°

        (3) Mit Ansaugtemperatur von 100°, wenn betriebsfähig, sonst bei höchster Temperatur

    e. Bei höchstem Kesseldruck, zufriedenstellend für sicheren Betrieb.

        (1) Bei einer Ansaugtemperatur von 60°

---

[98] vermutlich handelt es sich bei diesen und den folgenden Angaben um Grad Celsius

        (2) Bei einer Ansaugtemperatur von 80°

        (3) Mit Ansaugtemperatur von 100°, wenn betriebsfähig, sonst bei höchster Temperatur

3. Pfund Wasser pro Pfund Dampf bei verschiedenen, in Abschnitt 2 aufgeführten Leistungswerten.

4. Mindestbetriebsdrücke bei verschiedenen Speisewassertemperaturen.

5. Diagramme verschiedener Tests.

3.5 Teil III (42 1597)

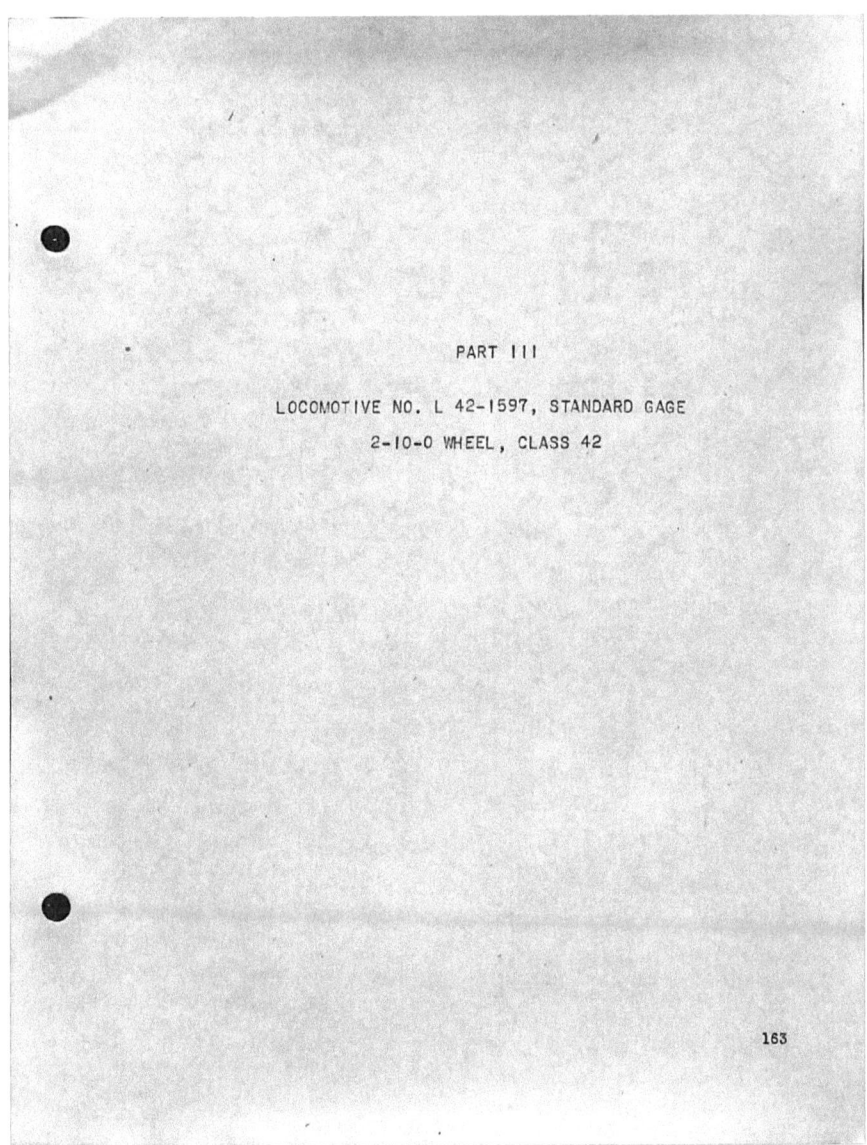

PART III

LOCOMOTIVE NO. L 42-1597, STANDARD GAGE

2-10-0 WHEEL, CLASS 42

163

TEIL III

LOKOMOTIVE NR. L 42-1597, NORMALSPUR

ACHSFOLGE 2-10-0, BAUREIHE 42

TEIL III
ERSTER ZWISCHENBERICHT:
LOKOMOTIVE NR. L 42-1597, NORMALSPUR, ACHSFOLGE 2-10-0,
BAUREIHE 42
TECHNISCHE UNTERSUCHUNG

I. THEMA

1. Zweck: Untersuchung und Erprobung deutscher Eisenbahnausrüstungen, die aus dem europäischen Einsatzgebiet verschifft werden, und Bestimmung ihrer Betriebseigenschaften sowie der Praktikabilität der Übernahme der bestmöglichen Merkmale der deutschen Konstruktion für die Eisenbahnausrüstungen der U.S. Army. Dieser Bericht umfasst die Untersuchung und das Studium der Lokomotive Nr. L 42-1597, Achsfolge 2-10-0.

II. UNTERSUCHUNG

2. Hintergrund: Diese Lokomotive (Abb. 58, 59), die nach den Spezifikationen des deutschen Kriegsministeriums gebaut wurde, wurde versandt aus Strassburg, Deutschland[99].

3. Untersuchung:

a. Sie wurde mit anderem Material ausgestellt und begutachtet, wie in Teil I dieses Bandes[93] beschrieben, und die verschiedenen darin erwähnten Entwicklungen (Absatz 3, Buchstaben a bis f) beziehen sich auch auf diese Einheit.

b. Die folgenden Daten und Beschreibungen dieser Lokomotive wurden aus übersetzten deutschen technischen Unterlagen, der Untersuchung in Camp Patrick Henry, Virginia, Messungen und Berechnungen und dem Studium von verfügbaren Zeichnungen zusammengestellt.

---

[99] Vermutlich ist Strasbourg, Elsass, Frankreich gemeint, das zwischen dem 22.6.1940 und dem 23.11.1944 an das Deutsche Reich angeschlossen war.

Tabelle 3

Hauptabmessungen und Daten
Lokomotive L 42-1597

Typ -	2-10-0
Spurweite -	4'8½" [1.435 mm]
Einsatz -	Güterzugdienst
Baureihe -	42
Zylinder:	
Typ -	Kolbenschieber
Durchmesser und Kolbenhub - - - - - - -	24.8" x 25.98" [630 mm x 660 mm]
Kessel:	Stehkessel mit flacher Decke
Durchmesser außen –1. Schuss - - - - - -	76⅜" [1.940 mm]
Durchmesser außen – 2. Schuss - - - - - -	74¹³/₁₆" [1.900 mm]
Kesseldruck -	227 p.s.i. [15,7 bar]
Feuerbüchse -	Stahl: 10'0¹⁵/₁₆" x 5'0¼" [3.072 mm x 1.530 mm]
Rauchrohre -	43: 5¼" Durchmesser x 0.1575" [133 mm x 4 mm]
Abstand zwischen den Rohrwänden - -	15'10" [4.826 mm]
Verdampfungsfläche - - - - - - - - - - - - -	
Heizrohre (Überhitzung) - - - - - - - - - -	871.88 sq.ft. [81 m²]
Rauchrohre -	1068.86 sq.ft. [99,3 m²]
Feuerbüchse -	207.75 sq.ft. [19,3 m²]
	────────
Gesamt	2148.49 sq.ft. [199,6m²]
Überhitzerfläche - - - - - - - - - - - - - - - -	815.90 sq.ft. [75,8m²]

Tabelle 3 (Forts.)

Rostfläche - 50.5 sq.ft. [*4,7 m²*]

Achsfolge:

Kuppelachsen - - - - - - - - - - - - - - - - - - 21'7¹³/₁₆" [*6.599 mm*]

Lokomotive - - - - - - - - - - - - - - - - - - - 30'2" [*9.195 mm*]

Treibraddurchmesser - - - - - - - - - - - - - 55.12" [*1.400 mm*]

Zugkraft - 56,000 lb. [*25,4 t*]

Höchstgeschwindigkeit - - - - - - - - - - - 50 Meilen pro Stunde [*80 km/h*]

Tender:

Achsen - 4 Räder

Kohle - 11 tons [*10 t*]

Wasser - 7,825 gallons [*30 m³*]

Betriebsgewichte (geschätzt):

Laufachsen - - - - - - - - - - - - - - - - - - - 27,800 lb. [*12,6 t*]

Kuppelachsen - - - - - - - - - - - - - - - - - 187,400 lb. [*85 t*]

Tender - 127,200 lb. [*57,7 t*]

Gesamt Lokomotive - - - - - - - - - - - - - 342,400 lb. [*155,3 t*]

Leergewichte (geschätzt):

Lokomotive - - - - - - - - - - - - - - - - - - - 190,700 lb. [*86,5 t*]

Tender - 40,200 lb. [*18,2 t*]

Hersteller - Henschel & Sohn, Kassel, Deutschland

Herstelldatum - - - - - - - - - - - - - - - - - 1944

4. Beschreibung der Lokomotive

a. Mit Ausnahme des Schornsteins wurde die Lokomotive so konstruiert, dass sie innerhalb der Grenzen des Standardlichtraumprofils für Lokomotiven und Tender bleibt. Der Schornstein befindet sich 13 Fuß 8¾ Zoll [*4.185 mm*] über dem Schienenniveau. Die zulässige Achslast der Lokomotive beträgt 36.800 lb. [*16,7 t*].

b. Es wurde eine Laufachse vom Typ Krauss-Helmholtz eingebaut, wobei diese Achse eine seitliche Bewegung von 4¹⁵/₁₆ Zoll [*125 mm*] und die angrenzende Antriebsachse eine von 1 Zoll [*25 mm*] aufweist. Die hintere Antriebsachse hat die gleiche seitliche Bewegung, der starre Radstand erstreckt sich somit von der zweiten bis zur vierten Antriebsachse (10 Fuß 9¹⁵/₁₆ Zoll [*3300 mm*]). Um eine gute Kurvengängigkeit zu gewährleisten, wurden die Spurkränze der Hauptantriebsachse um ¹⁹/₃₂ Zoll [*15 mm*] reduziert. Die Betriebserfahrungen haben gezeigt, dass die Lokomotive bei der üblichen Geschwindigkeit mit Tender voraus genauso gut wie bei der Vorwärtsfahrt fahren kann.

5. Der Kessel

a. Die Verdampfungsfläche des Kessels beträgt 2147 sq.ft. [*199 m²*]. Der Kessel hat eine gute Verdampfungsleistung, und er kann bis über die Kesselgrenze betrieben werden, ohne dass dadurch schlechte Ergebnisse zu erwarten sind. Bei einer Heizflächenbelastung von 11.7 Pfund pro Quadratfuß Heizfläche [*57 kg/m²*] kann der Kessel eine kontinuierliche Leistung von etwa 1500 hp. [*1.515 PS*] erbringen. Eine wesentlich höhere Leistung kann erreicht werden, wenn die Lokomotive vorübergehend überlastet wird. Die großzügig dimensionierte Rostfläche (50,5 sq.ft. [*4,7 m²*]) erlaubt die Verbrennung von Brennstoff minderer Qualität.

b. Der Kessel besteht aus zwei Schüssen, an die eine runde Feuerbüchse angebracht ist. Die Konstruktion des Kessels basiert auf modernen Prinzipen, wobei durchgehend schwere Verstrebungen angebracht sind. Der Arbeitsdampfdruck beträgt 227 p.s.i. [*15,7 bar*]. Die Längsnähte sind stumpf mit mehrfach genietetem Doppelband verbunden. Die Vernietung erfolgt, wo immer möglich, hydraulisch oder mit Hilfe von pneumatischen Werkzeugen. Ein Dom, in dem der Sattdampfregler untergebracht ist, ist auf dem Kessel montiert.

ABBILDUNG 58 – LOKOMOTIVE NR. L 42-1597. LINKE SEITE.[55]

ABBILDUNG 59 – LOKOMOTIVE NR. L 42-1597. RECHTE SEITE. BEACHTEN SIE
DAS VORDERE LEITBLECH, DAS RAUCH BESEITIGEN SOLL.

c. Die Feuerbüchse aus Spezialstahl ist durchgehend geschweißt. Ihr Scheitel ist vergleichsweise niedrig und bietet einen großen Dampfraum. Die Verbindung zwischen dem gewölbten Feuerschirm und den Seitenblechen hat einen großen Krümmungsradius. Zur Versteifung der äußeren Feuerraumplatten wurde eine ausreichende Anzahl von getriebenen Stehbolzen aus Hohlstahl verwendet. Nahtlos gezogene Stahlrohre und Heizrohre werden in die Feuerbüchsenrohrwand eingewalzt und verschweißt, aber in die Rauchkammerrohrplatte sind diese nur eingewalzt (Heizrohre 2 Zoll [*51 mm*]; Rauchrohre 5¼ Zoll [*133 mm*] Außendurchmesser).

d. Der Schmidt-Überhitzer mit 2 U-Rohren und einer Heißdampfkammer kann eine Durchschnittstemperatur von 662° F [*350 °C*] erzeugen.

e. Der Aschkasten ist eine Schweißkonstruktion. Die Luftklappen vorne und hinten sind mit einem Funkensieb ausgestattet und werden von der Kabine aus gesteuert. Die unteren Klappen des Aschkastens haben eine Keilverriegelung, die bei stehender Lok betätigt werden.

f. Weitere Ausrüstungsgegenstände sind: eine Feuertür vom Typ Marcotty, ein Feuerlochschutz, ein spindelbetätigtes Kipprost, ein Dampfdom vor dem Führerhaus mit Rückschlagventil, ein Abschlammventil vom Typ Gestra, zwei Injektoren (48 g.p.m. [*182 l/min*]), ein Wasserstandsanzeiger mit Schutz und 3 Pegelhähne sowie 2 Ackermann-Sicherheitsventile.

6. Rahmen der Lokomotive

Der Barrenrahmen (3³⁷/₆₄ Zoll [*91 mm*] dick) hat zwei Rahmenplatten, die vorne und durch die Pufferbohlen sowie das Verbindungsstück zwischen den Zylindern, die vordere Feuerbüchsenabstützung, die Zugeinrichtung und durch weitere stabile Rahmenstreben gut versteift ist.

7. Führerhaus

Ähnlich wie bei Tenderlokomotiven ist die Kabine vollständig geschlossen, um einen guten Schutz zu bieten. Sie ist mit dem Tender durch einen Faltenbalg verbunden, ähnlich dem, der bei Faltenbalgwagen verwendet wird

8. Räder, Achsen und Achsläger

Die Achsen aus geschmiedetem Stahl sind nicht gebohrt und haben keinen Ring. Die Antriebsachsen haben Speichenräder aus Stahlguss. Die Achslagergehäuse sind mit Führungsplatten aus plastischem Material versehen und bestehen aus

Messinggussstahl, der dünn mit Weißmetall ausgekleidet ist, mit zusätzlichen Führungsleisten aus Rotguss.

9. Treibachsen und Steuerung

a. Die Gelenkköpfe sind gesenkgeschmiedet und auf einen Körper aus Doppel-T-Eisen aufgeschweißt. Nadelschmiervorrichtungen sind aus Blech gestanzt und an die Gelenkköpfe geschweißt. Antriebsachsen- und Kuppelstangenlager sind Buchsen aus einer Dreistofflegierung.

b. Die Zylinder haben angegossene Ausströmkästen und sind mit Kolbenschiebern des Standardtyps und Winterthur-Druckausgleicher ausgestattet.

c. Für die Zylinder- und Kolbenventilschmierung ist eine Bosch-Schmierpresse vorgesehen.

d. Die Lokomotive hat Walschaerts-Steuerung[100] mit Pendelaufhängung des Voreilhebels. Die Umkehr erfolgt durch Betätigung der Umkehrspindel.

e. Der Kessel trägt einen Sandkasten mit einem großen Fassungsvermögen, der auf jeder Seite acht Sandrohre hat. Die Sandstreueinrichtung wird mit Druckluft betrieben.

10. Diverses

a. Es wurde eine Knorr-Luftbremse mit zusätzlicher Handbremse installiert, die auf die Vorderseite jedes gekuppelten Rades wirkt. Eine Doppelverbundluftpumpe mit Druckregelung wurde eingebaut.

b. Die Lokomotive wird durch einen Turbogenerator mit 0,5 Kilowatt mit Strom für die elektrische Beleuchtung versorgt.

c. Eine verstärkte Zugeinrichtung neuartiger Bauart wurde zusammen mit Hülsenpuffern vorgesehen.

d. Die Lokomotive ist mit einem nichtschreibenden Deutz-Geschwindigkeitsmesser ausgestattet.

e. Alle dampf- oder wasserführenden Teile und Rohre an Lokomotive und Tender sowie alle Schmierkanäle sind effektiv isoliert, um Wärmeverluste zu verhindern.

---

[100] Die Heusinger-Steuerung wird außerhalb des deutschen Sprachraumes als Walschaerts-Steuerung bezeichnet.

11. Tender

a. Die Lokomotive ist an einen Tender mit zwei Drehgestellen ohne Untergestell gekoppelt. Der Wassertank besteht aus halbzylindrischen, gebogenen Platten, die das vordere und hintere Ende bilden, und ist durchgehend geschweißt. Die Puffer und die Zugeinrichtung sind ebenfalls geschweißt und mit dem Wassertank verschweißt.

b. Die Drehgestelle bestehen aus gepressten Blechen und sind auch vollständig verschweißt. Die Scheibenräder sind mit geschlossenen Achslagern ausgestattet.

12. Allgemeine Merkmale

Diese 1944 von Henschel & Sohn, Kassel, Deutschland, hergestellte Güterzuglokomotive der Baureihe 42 war zuvor noch nie in Serie produziert worden. Es handelt sich um einen schweren Typ, vergleichbar in der Leistung mit der Baureihe 44, die vor dem Krieg gebaut und eingesetzt wurde. Einige Ingenieure waren der Meinung, dass sie die Baureihe 52 ersetzen sollte, aber es ist wahrscheinlicher, dass beide Baureihen während der Kriegszeit weiter produziert werden sollten. Die Konstruktion der Lokomotiven der Baureihe 42 vereinte alle Zeit- und Materialeinsparungen, die bei der Produktion der Baureihe 52 erreicht wurden, und viele der Mängel der letzteren wurden beseitigt. Die Lokomotive der Baureihe 42 stellt die neueste deutsche Kriegslokomotive dar.

III. DISKUSSION

13. Vorgeschlagenes Testprogramm

a. Die Vorbereitungen für die Prüfung der Saugpumpe wurden mit Nathan Manufacturing Co.[95] getroffen. Diese Komponente wird aus der Lokomotive ausgebaut und wie in Anhang B-l (2D) beschrieben getestet.

b. Die Denver & Rio Grande Western Railroad Co.[56] wurde im Hinblick auf Strömungsmodellstudien des Lokomotivfeuerbüchse kontaktiert, und es wurden Pläne für die Herstellung von Kunststoffmodellen zur Verfügung gestellt. Einfache Längsschnittmodelle der Gasströmungsbereiche werden für eine Vorstudie angefertigt, gefolgt von ein oder zwei Modellen im 3-dimensionalen Maßstab. Eine spezielle Bentonit-Tonsuspension[101] wird dann durch das Modell gepumpt, und die Strömungsmuster werden in polarisiertem Licht beobachtet.

---

[101] zu Bentonit, siehe (Wikipedia26)

14. Bedeutung von Strömungsmodellstudien

a. Lokale Verletzungen der Feuerbüchse und Rohre sind seit langem ein Problem von großer Bedeutung bei der Konstruktion von Feuerbüchsen und Kesseln, insbesondere bei der Verwendung von Feuerschirmen, Verwirbelungseinrichtungen und Wassertaschen. Dies war beim Verschleiß der Stehbolzenköpfe und bei der Riefenbildung bei den Überhitzer-Rücklaufbögen stärker ausgeprägt, was die Lebensdauer erheblich verkürzt. Die unteren Teile der Rauchrohre verstopfen in kurzer Zeit mit Schlacke, was die Dampferzeugungskapazität des Kessels verringert.

b. Durch die richtige Auslegung von Feuerbüchse, Bogenrohre, usw. kann der Zug der Verbrennungsgase über den Schirm zu und durch die Heiz- und Rauchrohre gleichmäßiger sowohl vertikal als auch horizontal in der Feuerbüchse verteilt werden. Dies reduziert die Schlackenfluggeschwindigkeiten auf ein Minimum.

c. Die Bildung von Schlacke sollte auf ein Minimum beschränkt werden – und zwar durch die Verwendung von Rosten mit richtig dimensionierten Luftklappen, eine geeignete Aschkastenkonstruktion zur Luftzufuhr unter dem Rost und geeignete Feuerungsmethoden, bei denen ein Feuer auf einem niedrigen Niveau gehalten wird. Dadurch soll eine maximale Verbrennung der Schlacke in der Feuerbüchse gewährleistet werden, bevor die Gase in die Rauchrohre erreichen.

11. Stand dieser Studie

a. Der prozentuale Abschluss dieser Studie ist zum jetzigen Zeitpunkt unbestimmt. Es wird geschätzt, dass sie bis zum 31. Dezember 1947 abgeschlossen sein wird.

b. Die zum Abschluss dieser Studie erforderlichen Arbeiten bestehen aus

(1) Strahlpumpentests

(2) Studien zum Flussmodell

3.6   Teil IV (52 3674)

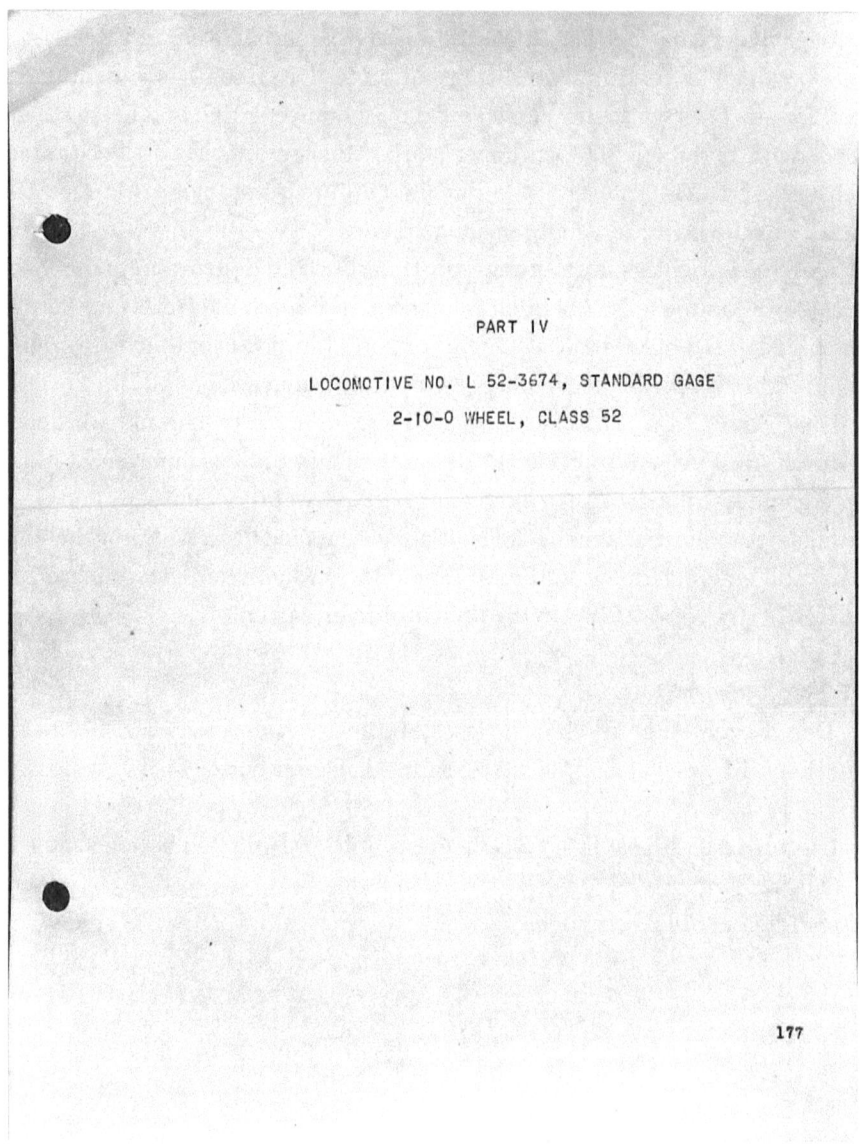

PART IV

LOCOMOTIVE NO. L 52-3674, STANDARD GAGE

2-10-0 WHEEL, CLASS 52

177

TEIL IV

LOKOMOTIVE NR. L 52-3674, NORMALSPUR

ACHSSTAND 2-10-0, BAUREIHE 52

TEIL IV

ERSTER ZWISCHENBERICHT

LOKOMOTIVE NR. L 52-3674, NORMALSPUR

ACHSSTAND 2-10-0, BAUREIHE 52

TECHNISCHE UNTERSUCHUNG

I. THEMA

1. Zweck: Untersuchung, Prüfung und Bestimmung der Betriebseigenschaften und der Praktikabilität der Übernahme der bestmöglichen Merkmale der deutschen Lokomotive Nr. L 52-3674, Normalspur, Achsfolge 2-10-0, Baureihe 52.

II. UNTERSUCHUNG

2. Untersuchung:

a. Die Untersuchung dieser Lokomotive bestand aus einer Inspektion im Camp Patrick Henry, Virginia, und einer Prüfung der der Direktion des Transport Korps vorliegenden Baupläne. Es war nicht möglich, die Konstruktion oder den Betrieb der Lokomotive mit einer erfahrenen Personen zu besprechen.

b. Diese Lokomotive wurde mit anderen Ausrüstungsgegenständen ausgestellt und untersucht, wie in Teil I dieses Bandes[93] beschrieben, und die verschiedenen darin erwähnten Entwicklungen (Absatz 3, Unterabsätze a bis f) beziehen sich auch auf diese Einheit.

c. Die in Tabelle 4 angegebenen Daten und die Beschreibung wurden aus deutschen und anderen Quellen zusammengestellt. Ein Bericht der britischen Regierung über die deutsche Lokomotive der Baureihe 52 ist in Anhang B-1 (2F) enthalten.

Tabelle 4
Hauptabmessungen und Daten
Lokomotive Nr. L 52-3674

Typ - 2-10-0

Baureihe - 52

Einsatz - Expressdienst

Hersteller - Henschel & Sohn Kassel, Deutschland

Einführungsdatum - - - - - - - - - - - - - - - 1942

Spurweite - 56½" [1.435 mm]

Maximaler Kurvenradius - - - - - - - - - - 328' (17½°)[102] [99 m (17,5°)]

Höchstgeschwindigkeit - - - - - - - - - - - 50 Meilen pro Stunde [80 km/h]

Achsfolge:

    Laufrad - - - - - - - - - - - - - - - - - - - 21'8" [6.604 mm]

    Treibrad - - - - - - - - - - - - - - - - - - - 30'2¼" [9.201 mm]

    Tender - 19'4¼" [5.899 mm]

    Gesamt, Lok und Tender - - - - - - - etwa 62.4 ft. [19.020 mm]

    Gesamtlänge: Lok und Tender
    Zughaken (geschätzt) - - - - - - - - - 75'5½" [23.000 mm]

Gewichte:

    Kuppelachsen (Betriebszustand) - - 165,300 lb. [75 t]

    Lokachsen (Betriebszustand) - - - - 25,300 lb. [11,5 t]

    Gesamtbetriebsgewicht - - - - - - - - 190,700 lb. [86,5 t]

    Tender (geladen) - - - - - - - - - - - - 132,300 lb. [60 t]

    Lok und Tender (Betriebszustand) 323,000 lb. [146,5 t]

    Lok (leer) - - - - - - - - - - - - - - - - - 168,400 lb. [76,4 t]

    Tender (leer) - - - - - - - - - - - - - - - 40,000 lb. [18,1 t]

---

[102] Die US-Eisenbahnen verwenden statt des Kurvenradius vielfach den Krümmungsgrad. Dieser ist definiert als Zentralwinkel zwischen den Verbindungslinien zu den Enden einer vereinbarten Länge eines Bogens. (Wikipedia27)

Tabelle 4 (Forts.)

Zugkraft bei 85 % M.E.P.[103] - - - - - - - - - -	50,790 lb. [*23 t*]
Adhäsionsfaktor[53] - - - - - - - - - - - - - - - -	3.25
Kessel:	
Decke der Feuerbüchse - - - - - - - -	flach
Außendurchmesser des ersten Schusses - - - - - - - - - - - - - - - - - -	68¼" [*1.734 mm*]
Kesseldruck - - - - - - - - - - - - - - - - -	227 p.s.i. [*15,7 bar*]
Breite und Länge der Feuerbüchse	60¼" x 99½" [*1.530 mm x 2.527 mm*]
Rostfläche - - - - - - - - - - - - - - - - -	42 sq.ft. [*3,9 m²*]
Heizrohre - - - - - - - - - - - - - - - - - -	1131: 2⅛" x 0.1" [*54 mm x 3 mm*]
Rauchrohre - - - - - - - - - - - - - - - - -	35: 5¼" x 0.16" [*133 mm x 4 mm*]
Rohrlänge zwischen den Rohrwänden - - - - - - - - - - - - - - - - - - -	17'1" [*5.207 mm*]
Heizfläche:	
Feuerbüchse - - - - - - - - - - - - - - - - -	171 sq.ft. [*15,9 m²*]
Rauchrohre - - - - - - - - - - - - - - - - -	973 sq.ft. [*90,4 m²*]
Heizrohre - - - - - - - - - - - - - - - - - -	767 sq.ft. [*71,3 m²*]
Gesamt - - - - - - - - - - - - - - - - - - -	1911 sq.ft. [*177,5 m²*]
Überhitzerfläche - - - - - - - - - - - -	686 sq.ft. [*63,7 m²*]
Zusammen - - - - - - - - - - - - - - - - -	2597 sq.ft. [*241,3 m²*]

---

[103] Abkürzung unklar: **M**ean **E**ffective **P**ressure (mittlerer wirksamer Druck) oder **M**aximum **E**xtent **P**ossible (maximal möglich(er Druck))?

Tabelle 4 (Forts.)

Zylinder:

      Durchmesser - - - - - - - - - - - - - - - -   23⅝″ [*600 mm*]

      Kolbenhub - - - - - - - - - - - - - - - - - -   26″ [*660 mm*]

Treibräder:

      Raddurchmesser - - - - - - - - - - - - -   55⅛″ [*1.400 mm*]

      Radkörper - - - - - - - - - - - - - - - - - -   49¼″ [*1.251 mm*]

      Raddicke - - - - - - - - - - - - - - - - - -   ungefähr 3″ [*76 mm*]

      Laufraddurchmesser - - - - - - - - - -   33½″ [*851 mm*]

      Tenderraddurchmesser - - - - - - - -   38³/₁₆″ [*970 mm*]

Lager:

      Laufrad -   Gleitlager

      Treibachse - - - - - - - - - - - - - - - - - -   Gleitlager

      Tenderachse - - - - - - - - - - - - - - - -   Wälzlager

      Tender Kohlenkasteninhalt - - - - -   22,000 lb. [*10 t*]

      Tender Wasserkasteninhalt - - - - -   8,453 gal. [*32 m³*]

3. Beschreibung der Lokomotive

a. Mit Ausnahme des Schornsteins (14 Fuß 11 Zoll [*4.547 mm*] über Schienenniveau) wurde die Lokomotive (Abb. 60, 61, 62) so konstruiert, dass sie innerhalb der Grenzen des Standardlichtraumprofils für Lokomotiven und Tender bleibt. Die zulässige Achslast der Lokomotive beträgt 16,5 tons [*15 t*].

b. Die führende Laufachse ist vom Typ Krauss-Helmholtz. Die seitlichen Bewegungen der Laufachse, der vorderen Antriebsachse und der hinteren Antriebsachse betragen 4,9 Zoll [*124 mm*], 1 Zoll [*25 mm*] bzw. 1 Zoll [*25 mm*]. Der starre Radstand erstreckt sich also von der zweiten bis zur vierten Antriebsachse (10 Fuß 9½ Zoll [*3289 mm*]). Um eine gute Kurvengängigkeit zu gewährleisten, wurden die Spurkränze der Hauptantriebsachse um ¹⁹/₃₂ Zoll [*15 mm*] reduziert. Es hat sich gezeigt, dass die Lokomotive bei normaler Geschwindigkeit genauso gut mit dem Tender voraus fahren kann wie bei der Vorwärtsfahrt.

4. Der Kessel

a. Eine Besonderheit des Kessels ist die große direkte Heizfläche mit 171 Quadratfuß [*15,9 m²*] in der Feuerbüchse, was ungefähr ¹/₁₀ der Heizflächen der Rohre und Rauchrohre entspricht. Folglich wird problemlos Dampf erzeugt, und der Kessel kann leicht und ohne die Gefahr einer Beschädigung betrieben werden. Bei einer Dampfrate von 11,7 Pfund pro Quadratfuß [*57,1 kg/m²*] Heizfläche kann der Kessel kontinuierlich etwa 1500 hp. [*1515 PS*] und für kurze Zeiträume eine wesentlich höhere Leistung erbringen. Brennstoff mit niedrigem Heizwert kann auf dem großzügig dimensionierten Rost (42 Quadratfuß [*3,9 m²*]) verbrannt werden.

b. Eine zylindrische Feuerbüchse ist mit den beiden Wänden des Kessels verbunden. Entsprechend der modernen Kesselpraxis werden durchgehend schwere Aussteifungen angebracht, Längsnähte mit mehrfach vernieteten Doppelgurten auf Stoß verbunden und wo immer möglich hydraulisch oder mit Hilfe von Druckluftwerkzeugen vernietet. Der Sattdampfregler ist in einer Kuppel untergebracht.

c. Die Feuerbüchsenkonstruktion besteht aus Spezialstahl, der durchgehend geschweißt ist. Es gibt einen großen Dampfraum, da die Feuerbüchsendecke vergleichsweise niedrig ist. Im Übergang zwischen Seitenblechen und dem flachen Deckenblech wird ein großer Krümmungsradius verwendet. An der Vorderseite der Feuerbüchse ist ein kurzer Feuerschirm (2 Fuß 11½ Zoll tief [*902 mm*]) eingebaut. Es gibt keine Bogenrohre. Hohle Stehbolzen werden zur Versteifung der äußeren Feuerbüchsenplatten verwendet. Nahtlos gezogene Stahlrohre und Rauchrohre werden in die

Feuerbüchsenwand eingewalzt und verschweißt, in die Rauchkammerplatte aber nur eingewalzt.

d. Eine durchschnittliche Temperatur von 662° F [*350° C*] wird mit dem Schmidt-Überhitzer erreicht, der mit zwei U-Rohren und Einkammer-Sammler ausgeführt ist.

e. Der Aschkasten in Schweißkonstruktion hat vorne und hinten Luftklappen, die mit funkensicherndem Drahtgeflecht versehen sind und vom Führerhaus aus bedient werden. Bei stehender Maschine können die unteren Klappen des Aschkastens mit einer Keilvorrichtung verriegelt werden.

5. Lokomotivrahmen

Stahlrahmenplatten (1³/₁₆ Zoll [30 mm] dick) sind vorne an den Pufferträgern, am Verbindungsstück zwischen den Zylindern, an der vorderen Feuerbüchsabstützung und am rückwärtigen Träger gut versteift. Zusätzliche stabile Rahmenstreben erhöhen die Steifheit.

6. Führerhaus

Eine völlig geschlossene Kabine, die durch einen Faltenbalg mit dem Tender verbunden ist, bietet guten Schutz.

7. Räder, Achsen und Achslager

Die Schmiedestahlachsen sind nicht gebohrt und haben keine Bünde. Die Antriebsachsen haben Stahlguss- und Speichenräder. Achslager haben Führungsplatten aus plastischem Material und Messingguss, mit dünner weißer Metallauskleidung und zusätzlichen Führungsschienen aus Gussmetall.

8. Antriebs- und Schiebersteuerung

a. Gesenkgeschmiedete Kuppelradenden werden mit dem Stangenkörper aus Eisen mit doppeltem T-Profil verschweißt. Die Gelenkköpfe tragen gestanzte Schmiergefäße aus Blech. Lagerschalen für Treib- und Kuppelstange sind aus einem Dreistoffverbund gefertigt.

b. Die Ausströmkästen sind an die Zylinder angegossen und haben Kolbenschieber des Standardtyps und Winterthur-Druckausgleicher.

c. Zylinder und Kolbenschieber werden mit einer Bosch-Schmierpresse geschmiert.

d. Eine Walschaert-Steuerung[100], mit Pendelaufhängung des Voreilhebels, ist eingebaut, wobei die Fahrrichtungsumkehrung durch Betätigung des Steuerrades erfolgt.

e. Die Sandstreueinrichtung besteht aus einem Sandkasten mit großem Fassungsvermögen und sieben Sandrohren auf jeder Seite. Sie ist druckluftbetrieben.

ABBILDUNG 60 – LOKOMOTIVE NR. L 52-3674. LINKE SEITE DER LOKOMOTIVE UND DES TENDERS.[55]

ABBILDUNG 61 – LOKOMOTIVE NR. L 52-3674. RECHTE SEITE DER LOKOMOTIVE

ABBILDUNG 62 – LOKOMOTIVE NR. L 52-3674. RECHTE SEITE DES TEN-
DERS. ANSICHT DES HALBZYLINDRISCHEN TANKS, OHNE RAHMEN. DIE VORDEREN
UND HINTEREN KUPPLUNGSKÄSTEN SIND MIT DEM TANKBODEN VERSCHWEIßT.

9. Tender

a. Der Tender mit zwei Drehgestellen hat kein Fahrgestell. Gebogene Bleche bilden das vordere und hintere Ende des halbzylindrischen Wassertanks, der durchgehend in Schweißkonstruktion ausgeführt ist. Puffer und Kupplungskasten sind in
Schweißkonstruktion mit dem Wassertank verschweißt.

b. Drehgestelle bestehen aus gepressten Platten und sind an allen Stellen geschweißt. An den Scheibenrädern werden Rollenlager verwendet.

10. Diverses

a. Es wurde eine Doppelverbundluftpumpe mit Druckregelung eingebaut. Der
Bremsvorgang wird über eine Knorr-Luftbremse mit Hilfshandbremse, die auf die
Vorderseite jedes gekuppelten Rades wirkt, vorgenommen.

b. Ein Turbogenerator von 0,5 Kilowatt liefert Strom für die elektrische Beleuchtung.

c. Die verstärkten Zughakenfedern haben eine neuartige Konstruktion, und die
Puffer sind hülsenförmig.

d. Der Deutz-Geschwindigkeitsmesser ist nicht aufzeichnend.

e. Alle dampf- oder wasserführenden Teile und Rohre an Lokomotive und Tender sowie alle Schmierkanäle sind deutlich wärmeisoliert.

f. Andere Ausrüstungsgegenstände sind:

Feuertür vom Typ Marcotty

Feuerloch-Schutzvorrichtung

Spindelbetätigter Kipprost

Dampfdom mit Rückschlagventil

Abschlammventil (Typ Gestra)

Zwei Speisepumpen (Kapazität 2750 gal. pro Stunde [*10,4 m³/h*])

Röhrenförmiger Wasserstandsanzeiger mit Schutzeinrichtung

Zwei Prüfventile (Manometerhähne)

Zwei Ackermann-Sicherheitsventile

III. DISKUSSION

11. Konstruktion der Lokomotive der Baureihe L-52

Obwohl diese Lokomotive als Neukonstruktion beworben wurde, handelte es sich wahrscheinlich um eine Überarbeitung der früheren Lokomotive der Baureihe 50, deren Mängel bei der Entwicklung einer leichteren Lokomotive behoben wurden.

12. Reduzierung des Gewichts

a. Das Gewicht der bestehenden Typen deutscher Streckenlokomotiven musste reduziert werden, da die neue Lokomotive für den Einsatz im gesamten feindlichen Europa geeignet sein sollte.

b. Eine wesentliche Reduzierung wurde durch die Verwendung von Gesenkschmiedestücken erreicht, die den Fertigteilen in ihren Abmessungen sehr nahe kommen und durch Schweißen mit anderen Teilen verbunden werden.

c. Das Materialgewicht im Tender wurde durch den Wegfall des Tenderrahmens und die Verwendung eines Wasserbehälters vom Typ Vanderbilt[104], der auch zur Übertragung der Zugkräfte diente, verringert. Der Zusammenbau des Behälters in Schweißtechnik führte zu weiteren Gewichtseinsparungen.

---

[104] Mehr zu Vanderbilt-Tendern, siehe z.B. (Messerschmidt, 1987), Seite 46ff

13. Minimaler Einsatz kritischer Materialien

Besondere Anstrengungen wurden unternommen, um die Menge der Nichteisenmetalle zu reduzieren. Aus einer Informationsquelle ging hervor, dass die Gewichtsreduzierung von Kupfer pro Lokomotive der Baureihe 52 hauptsächlich auf den Ersatz von Lagern aus Bronze durch Lager aus Stahl für die 2 großen Treibstangenköpfe und die 10 Achslager zurückzuführen war. Dadurch konnten 840 Pfund [*381 kg*] Kupfer eingespart werden, und eine weitere Einsparung von 55 Pfund [*25 kg*] Kupfer wurde durch den Ersatz des Dampfpfeifengehäuses aus Bronze durch ein Stahlgehäuse erzielt. Die entsprechenden Zinneinsparungen aufgrund dieser Änderungen betrugen 138 Pfund [*63 kg*] bzw. 2 Pfund [*1 kg*]. Die Haupteinsparung bei Zinn ergab sich jedoch durch den Ersatz der Gleitlager durch Wälzlager bei den Tenderachsen.

14. Verringerung des Arbeitsbedarfs

Es wurden verschiedene Angaben bezüglich der Reduzierung der für die Herstellung einer Lokomotive erforderlichen Arbeitsstunden aufgestellt, wobei die meisten Berichte diese Zahl auf 6.000 Arbeitsstunden beziffern. Es fehlen belastbare Beweise, aber man kann auf der Grundlage dessen, was über die Konstruktion bekannt ist, sagen, dass eine solche Einsparung nicht unmöglich ist, obwohl sie nur in den größten und bestausgerüsteten Werken erreicht werden könnte. Es besteht kein Zweifel daran, dass zum Beispiel ein geschweißter Tender des rahmenlosen Typs in etwa der Hälfte der Zeit gebaut werden könnte, die für einen der herkömmlicheren Typen mit Rahmen benötigt wird. Die bereits erwähnte breite Einführung von Gesenkschmiedestücken anstelle von Handschmiedestücken würde ebenfalls zu einer deutlichen Arbeitseinsparung führen. Darüber hinaus scheint es, dass bei Bearbeitungsvorgängen in anderen Bereichen Mannstunden eingespart werden konnten.

15. Allgemeine Charakteristika

a. Es liegen keine Testdaten über die Leistung der Lokomotive vor. Da sie von den Deutschen als „Kriegslokomotive" entwickelt wurde, wurde ihre Konstruktion weitgehend an die Bedingungen des Material- und Arbeitskräfteangebots angepasst. Die Verwendung von 5 Antriebsachsen führte zu einer geringen Last pro Achse (16½ short tons [*15 t*]), wodurch die Lokomotive für den Einsatz auf leichten und neu verlegten Gleisen, wo es Lastbegrenzungen gab, angepasst wurde. Es wurde behauptet, dass die Achsanordnung, die der von zwei früheren Konstruktionen (Baureihe 44 und Baureihe 50) entsprach, selbst bei 50 Meilen pro Stunde [*80 km/h*] eine gute

Laufleistung erbrachte und dass die Lokomotive rückwärts ebenso gut lief. In unserem Land würden wir es vermeiden, die Lokomotive bei einer solchen Geschwindigkeit rückwärtsfahren zu lassen. Durch die Verwendung einer Querverschiebeeinrichtung bei den Lokomotivtreibradpaaren Nr. 1 und Nr. 5 und einer leichten Modifikation des Radreifens beim Paar Nr. 3 soll die Lokomotive eine Kurve mit einem Radius von 328 Fuß (17½°)[102] [99 m (17,5°)] durchfahren können.

b. Ein Vergleich dieser Lokomotive mit zwei 2-8-0 und einer 2-8-2 Kriegslokomotive ist interessant und bietet eine klare Grundlage für eine Beurteilung, da die amerikanischen Kriegslokomotiven das beste Ergebnis unserer Ingenieurleistungen darstellten (Tabelle 6 – Anhang B-2 (2F)). Lokomotiven wie die Bestellnummer S-1248[105] wurden während des Ersten Weltkriegs gebaut, und die Bestellnummer S-1893[106] und S-1872[107] wurden während des Zweiten Weltkriegs gebaut. Hunderte, in einigen Fällen, sogar Tausende dieser Loks wurden von American Locomotive Co., den Baldwin Locomotive Works und den Lima Locomotive Works, Inc. hergestellt. Die Daten sind für die deutschen Lokomotiven der Baureihen 42 und 52 enthalten, die sich in mancher Hinsicht ähneln.

c. Nachfolgend sind ausgewählte Daten aus Tabelle 6 aufgeführt, die die Hauptunterschiede zwischen den deutschen und amerikanischen Konstruktionen in Bezug auf Zugkraft und Pferdestärken verdeutlichen:

---

[105] Hierbei handelt es sich wohl die Kriegslokomotive „Pershing", die später als SNCF 140H in größerer Zahl bei der SNCF eingestellt wurden. (Wikipedia28), (Wikipedia29)
[106] USATC S160 Class (Wikipedia30)
[107] USATC S200 Class (Wikipedia31)

Tabelle 5 - <u>Vergleich amerikanischer und deutscher Lokomotiven</u>[108]

Spalte	(1) 2. WELT-KRIEG	(2) 2. WELT-KRIEG	(3) 1. WELT-KRIEG	(4) DEUTSCHE L 42	(5) DEUTSCHE L 52
Achsfolge	2-8-2	2-8-0	2-8-0	2-10-0	2-10-0
Gewicht auf den Kuppelachsen (lb.)	143,000	138,000	139,500	183,400 (ca.)	165,000
Kesseldruck, p.s.i.	200	225	170.6	227	227
Zylinder:					
Durchmesser	21″	19″	23″	$24^{13}/_{16}$″	$23^{5}/_{8}$″
Kolbenhub	28″	26″	26″	26″	26″
Treibräder	60″	57″	56.7″	$55^{1}/_{8}$″	$55^{1}/_{8}$″
Zugkraft (lb.)	35,000	31,500	35,100	52,600	50,790
Adhäsionsfaktor[53]	4.09	4.45	3.97	3.49 (ca.)	3.25
Zylinderleistung bei 1000 ft.p.m.[109]	1586	1461	1623	2500	2260
Verdampfungsrate, lb. per hr.	29,142	25,826	26,688	31,980	27,150
Kesselleistung	1401	1242	1283	1540	1310
Verhältnis Kessel- zu Zylinder-leistung	88.3	85.0	79.1	61.8	58.0
Gesamtheizfläche	2164	1761	1982	2147	1911

[108] Zahlenwerte in dieser Tabelle sind in US-Einheiten und US-Notation.
[109] **feet per minute. 1.000 ft.p.m. entsprechen 18,3 km/h.

d. Die Heizfläche der L-52 ist etwa die gleich groß wie bei der amerikanischen Lokomotive 2-8-0 (Spalten 2 und 3). Das Gewicht auf den Treibrädern (L-52) ist viel höher, was auf das fünfte Treibradpaar mit der zusätzlichen Federaufhängung und dem Querausgleich zurückzuführen ist. Während das Gewicht der Treibräder (L-52) etwa 15 Prozent über dem der amerikanischen Lokomotiven liegt, ist die Zugkraft 31 bis 38 Prozent höher, was auf größere Zylinder, höheren Dampfdruck, kleinere Treibräder oder eine Kombination dieser Elemente zurückzuführen ist. Daraus ergibt sich ein Adhäsionsfaktor (Verhältnis zwischen dem Gewicht auf den Treibrädern und der Zugkraft) von 3,25. Bei amerikanischen Lokomotiven beträgt der Adhäsionsfaktor im Allgemeinen mehr als 4. Der Adhäsionsfaktor von 3,25 bei der deutschen Lokomotive deutet darauf hin, dass sie bei voller Ausnutzung der Leistung oder einem nicht sehr guten Zustand der Schiene zum Rutschen neigt. Diese große Zylinderleistung (2260 hp. [*2.283 PS*]) würde einen Brennstoffverbrauch von 7342 Pfund pro Stunde [*3,3 t/h*] erfordern, wenn sie bei Geschwindigkeiten über 30 Meilen pro Stunde [*48,3 km/h*] unter voller Last genutzt wird. Dies entspricht einer Rostbelastung von 175 Pfund pro Quadratfuß und Stunde [*854 kg/m²h*]. Bei einer tatsächlichen Rostfläche von 42 Quadratfuß [*3,9 m²*] übersteigt dies die Kapazität eines Heizers. Für die Aufrechterhaltung solcher Brennstoffverbräuche sollte die Rostfläche etwa 60 Quadratfuß [*5,6 m²*] betragen. Die Rostfläche ist jedoch für die Kesselleistung (1310 hp. [*1.323 PS*]) richtig proportioniert. Dies erfordert eine Feuerungsrate von 99 Pfund pro Quadratfuß und Stunde [*483 kg/m²h*], was im Vergleich zu amerikanischen Lokomotiven von 96 bis 122 Pfund pro Quadratfuß [*469 - 596 kg/m²h*] pro Stunde günstig ist.

e. Johnson kommentiert diesen Punkt in seinem Buch „The Steam Locomotive"[110] wie folgt: „Der Wirkungsgrad eines Lokomotivkessels nimmt mit zunehmender Rostflächenbelastung rapide ab. Von einem Wirkungsgrad von 75 bis 80 Prozent bei Belastungen unter 40 Pfund pro Quadratfuß und Stunde [*195 kg/m²h*] sinkt er auf 40 bis 45 Prozent bei Feuerungsraten um 200 Pfund pro Quadratfuß pro Stunde [*976 kg/m²h*].

Der Rückgang des Kesselwirkungsgrades ist auf mehrere Faktoren zurückzuführen:

(1) Unvollkommene Verbrennung, bei der Kohlenmonoxid entsteht.

(2) Externe Strahlung von Kessel und Feuerbüchse.

(3) Wärmeverlust in den Rauchkammergasen.

(4) Austreten von unverbranntem Brennstoff. Dieser Verlust erreicht 15 bis

---

[110] gemeint ist: (Johnson , 1940,1944). Johnson war der Chefingenieur der Baldwin Locomotive Works.

20 Prozent bei einer Rostflächenbelastung von 60 Pfund[111] [*293 kg/m²h*] bis zu 50 Prozent bei einer Feuerungsrate von 200 Pfund pro Quadratfuß und Stunde [*976 kg/m²h*]".

f. Der Überhitzer ist wesentlich größer als bei den amerikanischen Lokomotiven (686 sq.ft. [*63,7 m²*] gegenüber 456 [*42,4 m²*] und 470 sq.ft. [*43,7 m²*]), was die Anzahl der kleinen Rohre (113 gegenüber 137, 150 und 166 bei den amerikanischen Lokomotiven) erheblich reduziert. Das Verhältnis von gasdurchströmter Fläche der Heizrohre zur Rostfläche (12½ Prozent) ist eher gering, da der übliche Bereich 11 bis 19 Prozent beträgt. Die Kesselleistung in Prozent der Zylinderleistung ist wegen der Zylinderproportionen und des hohen Kesseldrucks gering (58 Prozent gegenüber 79 bis 88 Prozent bei den amerikanischen Lokomotiven). Bei Hochgeschwindigkeitspassagier- oder Schnellfrachtlokomotiven wird ein Wert von möglichst nahe 100 Prozent angestrebt, und manchmal werden mehr als 100 Prozent erreicht. Das Verhältnis von Kessel- und Zylinderleistung ist in Abbildung 63 (Anhang B-3 (2F)) grafisch dargestellt. Kurve A zeigt die Zugleistung der Lokomotive bei verschiedenen Geschwindigkeiten. Sie wird aus Zylindergröße, Treibradgröße und Dampfdruck berechnet und ist unabhängig von der Kapazität des Kessels zur Dampferzeugung. Kurve B zeigt die Zugleistung auf der Grundlage der Kesselleistung. Es wird darauf hingewiesen, dass, wenn die Kesselleistung die Zugkraft bis zu einer Geschwindigkeit von 10 Meilen pro Stunde [*16 km/h*] überschreitet, der Kessel jenseits dieser Grenze gezwungen wäre, die von den Zylindern pro Kurve A gezeigte Zugleistung zu erzeugen. Kurve C zeigt die zur Erzeugung der Zugleistung erforderliche Leistung (Kurve A). Je enger die Kurven A und B zusammengeführt werden können, desto höher ist die Leistung der Lokomotive.

g. Es wird festgestellt, dass „der Kessel eine Dauerleistung von 1500 hp. [*1.515 PS*] erbringen kann; eine wesentlich höhere Leistung kann erreicht werden, wenn der Kessel nur vorübergehend überlastet wird". Die Leistung von 1500 hp. [*1.515 PS*] ist um 14½ Prozent höher als die von der Direktion des Transport Korps berechnete Leistung. Die „wesentlich höhere Leistung" ist äußerst zweifelhaft, sowohl im Hinblick auf die potenzielle Kesselleistung als auch auf die physische Fähigkeit eines Heizers, die Feuerbüchse zu schüren.

h. Der Tender ist vollständig geschweißt, und Herstellmethode und Festigkeit sind weiterer Untersuchungen wert. Dieser Typ eines geschweißten Wagens wurde

---

[111] gemeint ist „60 Pfund pro Quadratfuß und Stunde"

in Amerika bereits einige Male untersucht, hat aber seine Überlegenheit gegenüber Stahlguss bisher noch nicht bewiesen. Grund dafür waren Fehler in den Schweißnähten und die Nichteinhaltung der bestehenden Spezifikationen in Bezug auf die Festigkeit.

i. Im Folgenden sind die weniger wesentlichen Details aufgeführt, die bei Lokomotiven der Baureihe 52 weggelassen wurden:

(1) Der vordere Dampfdom, der den Vorwärmer enthält[112]

(2) Die üblichen Verriegelungsvorrichtungen an der Rauchkammertür (Diese wurden durch einen Ring aus Vorreibern ersetzt).

(3) Windleitbleche

(4) Speisepumpe und Speisewassererhitzer

(5) Einige Handläufe und Trittbretter

(6) Sicherheitskupplungen

(7) Glocke

j. Auch die Gestaltung des Triebwerks wurde vereinfacht.

16. Vorgeschlagenes Testprogramm

a. Die Nathan Manufacturing Co.[95] wird eine der beiden Saugpumpen nach der in Anhang B-2 (2D) beschriebenen Methode testen.

b. Denver & Rio Grande Western Railroad Co.[56] wird Strömungsmodell-Studien der Feuerbüchse unter Verwendung der in Teil III, (Abs. 13, Unterabschnitt b.) geschilderten Vorgehensweise durchführen. Die Bedeutung dieser Studien wird in dem folgenden Abschnitt 14 erörtert.

c. Es wurden zusätzliche Vereinbarungen mit Denver & Rio Grande Western Railroad Co.[56] für Studien über Feuerbüchsenstahl, Deckenstehbolzen, Stehbolzen und Kesselstähle dieser Lokomotive getroffen. Diese Studien werden aus spektrographischen Analysen zur Bestimmung von Spurenelementen, chemischen Analysen, physikalischen Tests bei Raumtemperatur und erhöhten Temperaturen, Röntgenbeugungsuntersuchungen zur Alterung des Stahls im Betrieb, Kerbschlagbiegeversuchen und Schliffbildern bestehen. Die Lokomotivstähle werden mit den in der amerikanischen Eisenbahnpraxis verwendeten Stählen verglichen, um festzustellen, ob die deutschen Produkte besonders alterungsbeständige und hitzebeständige

---

[112] Die Formulierung ist unklar. Entweder ist der entfallene Trommelvorwärmer gemeint oder der entfallende Speisedom.

Eigenschaften aufweisen, und ob spezielle Zusammensetzungen verwendet wurden, die zu einer längeren Lebensdauer führen.

d. Die Timken Roller Bearing Co.[88] möchte physikalische und chemische Tests an den Treib- und Kuppelstangen dieser Lokomotive durchführen, da das vordere und hintere Ende mit den Stabkörpern lichtbogengeschweißt wurde. Dies wird in den Vereinigten Staaten nicht angewandt und wird von der Interstate Commerce Commission[113] nicht genehmigt. Es wäre von Interesse, herauszufinden, welche Vorteile sich aus dem Einsatz dieser Konstruktion in Kriegszeiten ergeben könnten, da viele Arbeitsstunden eingespart werden könnten. Die Direktion des Transport Korps hat Timken für diese Tests eine Treibachse, zwei Kuppelstangen und eine Schieberschubstange angeboten.

17. Status dieser Studie:

a. Es wird geschätzt, dass diese Studie jetzt zu etwa 25 Prozent abgeschlossen ist. Das geschätzte Fertigstellungsdatum für Tests von Komponenten ist der 31. Dezember 1947.

b. Für den Abschluss dieser Studie sind die folgenden Arbeiten erforderlich:

(1) Test des Hubinjektors

(2) Fluss-Modell-Studien

(3) Physikalische und chemische Prüfungen von Feuerbüchsenstahl, Deckenstehbolzen, Stehbolzen und Kesselstählen

(4) Physikalische und chemische Tests von Treib- und Kuppelachsen

---

[113] Die Interstate Commerce Commission (ICC) war die Regulierbehörde der US-Eisenbahnen in den Jahren 1887-1995. (Wikipedia32)

3.6.1   Anhang B

ANHANG B

UNTERSUCHUNG UND DISKUSSION

---

[114] Das **M**inistry of **E**conomic **W**arfare (Ministerium für wirtschaftliche Kriegsführung) war während des Zweiten Weltkrieges für die wirtschaftliche Kriegsführung gegen die Achsenmächte verantwortlich. (Wikipedia33)

3.6.1.1   B-1 (2F)

Deutschland
(Land, über das berichtet wird)

Thema: Deutsche Lokomotive Baureihe 52
Von M. A.[115]: London   Bericht # 53339   Datum: 20. Januar 1943

Quelle und Grad der Zuverlässigkeit:

Ministry of Economic Warfare, Zuverlässigkeitslevel A-2

Hiermit wird ein Papier über die deutsche Lokomotive der Baureihe „W52" übermittelt, das von der feindlichen Abteilung des Ministeriums für wirtschaftliche Kriegsführung erstellt wurde und auf den 9. Januar 1943 datiert ist.

Die Baureihe „52" hat die Baureihe „50" als Standardmodell für das neue deutsche Lokomotivbauprogramm abgelöst; sie ist stärker gebaut und für den Einsatz unter winterlichen Bedingungen an der Ostfront besser geeignet. Außerdem soll sie eine Einsparung von Arbeitsstunden und Material bewirken. Das M.E.W.[114] geht davon aus, dass die Übernahme dieser Konstruktion bis Ende 1943 zu einer Steigerung der Produktionsrate um etwa 6 % führen wird.

JOHN P. SIMPSON JR
Major der Feldartillerie
Assistent des Militärattachés

1 Anlage wie oben
(mit Sendekopie)

OMA[116], Amerikanische Botschaft, London, 20. Januar 1943. Weitergeleitet _____

---

[115] **M**ilitary **A**ttaché/**M**ilitary **A**ssistant (Militärattaché/Militärassistent)
[116] **O**ffice of **M**ilitary **A**ffairs (Büro für Militärangelegenheiten)

L.212/83/Z   MINISTERIUM FÜR WIRTSCHAFTLICHE KRIEGSFÜHRUNG
9.1.43.

FEINDABTEILUNG

DIE DEUTSCHE LOKOMOTIVE DER BAUREIHE „52"
ZUSAMMENFASSUNG UND SCHLUSSFOLGERUNGEN

(I) Dieses Papier ist ein Versuch, alle verfügbaren Informationen über die Lokomotive der Baureihe „52" zu analysieren, die in der deutschen Presse als Ersatz für die Baureihe „50" als standardisiertes Modell für das neue deutsche Bauprogramm angekündigt wurde.

(II) Es besteht Grund zu der Annahme, dass es sich bei der Lokomotive der Baureihe „50", die zuvor als Standard eingeführt wurde, in Wirklichkeit nicht um diese Lokomotive handelte, die diese Klassifizierung vor dem Krieg hatte, sondern um ein Übergangsmodell, das auf dieser Konstruktion basierte. Das Übergangsmodell wies eine Reihe von technischen Mängeln auf, und es scheint nun ziemlich offensichtlich, dass es nur für eine Übergangszeit gedacht war. Die neue Lokomotive der Baureihe „52" scheint durchweg solide konstruiert zu sein, und sie sollte eine mit Vorkriegslokomotiven vergleichbare Lebensdauer haben.

(III) Der wichtigste Unterschied zwischen der Baureihe „52" und der Übergangslokomotive besteht darin, dass erstere einen viel stärkeren Rahmen und einen steiferen Stehkesselträger hat und dass ein geschweißter Tender des rahmenlosen Typs anstelle eines auf einem Rahmen getragenen Tenders des normalen genieteten Typs verwendet wurde. Unter den geringfügigen Unterschieden kann der Wegfall des Vorwärmers gesehen werden.

(IV) Die Baureihe „52" ist für den Einsatz unter Bedingungen an der Ostfront besser geeignet als die Baureihe „50". Sie ist viel wirksamer isoliert, und sie besitzt einen Schneepflug. Einige der ungeschützten Rohre sollen dampfbeheizte Rohre sein, und es ist möglich, dass Teile, die besonders anfällig für Frostschäden sind, näher am Kessel platziert wurden.

178

(V) Obwohl es einige Zweifel gibt, wird angenommen, dass die Baureihe „52"
ohne Tender 82 tons[117] [*83 t*] wiegt gegenüber 80 tons [*81 t*] für die Übergangsmaschine. Das Gewicht des Tenders der Baureihe „52" beträgt 18 tons [*18 t*], gegenüber
26 tons [*26 t*] für die Übergangslok. Das reduzierte Gewicht des Tenders wurde erreicht, trotz der gleichzeitigen Erhöhung der Treibstoff- und Wasserkapazität. Diese
zusätzlichen Kapazitäten betragen 8 tons [*8 t*] bzw. 26 Kubikmeter für die Übergangslok, und 10 tons [*10 t*] und 34 Kubikmeter für die Baureihe „52". Die beweglichen
Teile der beiden Lokomotiven sind identisch, so dass für beide die gleichen Vorrich-
tungen und Halterungen verwendet werden.

(VI) Bei der Konstruktion der Baureihe „52" wurde großer Wert darauf gelegt,
das Gewicht des für ihre Konstruktion erforderlichen Halbzeugs zu reduzieren, und
es wird behauptet, dass im Vergleich zur Übergangsmaschine eine Einsparung von
25 tons [*25,4 t*] pro Lokomotive erzielt wurde. Dies entspräche 187.500 tons [*190.500 t*]
bei der angestrebten Zahl von 7.500 Lokomotiven pro Jahr. Die Gewichtseinsparung
bei den Halbfabrikaten wurde zum Teil durch die Einführung eines rahmenlosen
Tenders und zum Teil durch die weitgehende Verwendung von Gesenkschmiedestücken anstelle von Handschmiedestücken erreicht. Diese Unterteilung soll sich auch
auf die Pleuel und Kuppelstangen erstrecken. Es wurde auch eine Reduzierung der
Menge der verwendeten Nichteisenmetalle erreicht, und die für die Baureihe „52"
erforderliche Kupfermenge wird mit 495 lbs. [*225 kg*] gegenüber 1600 lbs. [*726 kg*] in
der Übergangslokomotive angegeben. Diese Einsparung ist hauptsächlich auf die
Verwendung von Stahl-Gleitlager anstelle von Bronze-Gleitlager zurückzuführen.

(VII) Bei der Konstruktion wurde auch sorgfältig darauf geachtet, dass die für
den Bau der Lokomotive erforderlichen Arbeitsleistungen eingespart werden, und es
wird behauptet, dass die Lokomotive in 24.000 Mannstunden gebaut werden kann,
gegenüber 30.000 Mannstunden für die Übergangslokomotive. Eine beträchtliche
Einsparung an Arbeitsstunden ergibt sich durch den Ersatz von Gesenkschmiedestücken durch Handschmiedestücke, sowohl in der Schmiede als auch in der Maschi-
nenwerkstatt; und es scheint, dass die Konstruktion mit dem Ziel entwickelt wurde,
die Bearbeitungszeit auf sonstige Weise zu reduzieren. Die Zahl von 24.000 Mannstunden, die für den Bau der Baureihe „52" erforderlich sind, kann jedoch nur eine

---

[117] Es wird davon ausgegangen, dass in diesem Bericht britische Tonnen verwendet wurden.

Schätzung sein, da sie am Prototypmodell, das bisher einmal gebaut wurde, nicht erreicht werden konnte. Während 24.000 Arbeitsstunden in den größten und bestausgerüsteten Werken eine mögliche Bauzeit sein könnte, ist es nahezu sicher, dass für die Produktion der neuen Baureihe weit über 30.000 Arbeitsstunden erforderlich sein werden, und zwar in vielen der kleineren europäischen Werke.

(VIII) Es ist nicht davon auszugehen, dass der Ersatz der Übergangslokomotive als Standardausführung durch die Baureihe „52", die in dem Papier mit dem Titel „Geschätzte Produktion für Dampflokomotiven für Hauptstrecken, Achsenmächte Europa, 1941-1944" stark beeinflussen wird. Für die gesenkgeschmiedeten Teile wird eine große Anzahl von Gesenken hergestellt werden müssen, was wahrscheinlich zu einer vorübergehenden Verlangsamung der Produktion führen wird, gefolgt von einer leicht erhöhten Produktionsrate. Es wird nur möglich sein, die verschiedenen vorgeschlagenen Methoden zur Erhöhung der Produktionsrate in den größten und am besten ausgestatteten Werken voll auszunutzen, und in vielen der kleineren Werke wird es notwendig sein, die früheren Konstruktionsmethoden fortzusetzen. Insgesamt erscheint es wahrscheinlich, dass die Einführung der neuen Konstruktion die Produktionsrate bis Ende 1943 um etwa 6 Prozent erhöhen wird.

(1) Die Lokomotive der Baureihe „52" hat in letzter Zeit in der deutschen Presse erhebliche Aufmerksamkeit erhalten. Viele der Informationen sind widersprüchlich und haben eindeutig ein Propagandamotiv. In der folgenden Niederschrift wird versucht, die Berichte in dem Sinne zu analysieren, dass die offengelegten Tatsachen und die berechtigten Schlussfolgerungen eine ziemlich genaue Beurteilung der Konstruktion der Lokomotive und der bei ihrer Konstruktion angewandten Prinzipien zu ermöglichen.

(2) Die Beweise deuten allesamt darauf hin, dass die Lokomotive der Baureihe „50", die als standardisierte Typ bezeichnet wurde, als Dr. Dorpmüller im März 1942 ein Programm mit einer Zielgröße von 7.500 Lokomotiven pro Jahr ankündigte, eine vereinfachte Konstruktion der kurz vor Kriegsausbruch eingeführten Lokomotive derselben Baureihe war. In den Berichten über die Baureihe „52" gibt es mehrere Hinweise auf ein Übergangsmodell („Übergangslokomotiven"); diese Hinweise beziehen sich wahrscheinlich auf die vereinfachte Baureihe „50", und es wird vermutet, dass die Fotos, die von Zeit zu Zeit in der deutschen Presse erschienen sind, von dieser Lokomotive stammen. Als diese Fotos zum ersten Mal verfügbar wurden, wurde die Konstruktion von technischen Experten mit der Begründung heftig kritisiert, dass der Rahmen zu leicht sei und insbesondere der vordere Kesselsattel eine Schwachstelle darstelle. Angesichts des Aussehens der Baureihe „52" ist es wahrscheinlich, dass die deutschen Konstrukteure diese Mängel zwar möglicherweise unterschätzten, sich aber dieser Mängel bewusst waren und dass die vereinfachte Baureihe „50" nur als Überbrückung für eine kritische Phase gedacht war. Das Gewicht der bestehenden Typen deutscher Streckenlokomotiven musste reduziert werden, da die Standardlokomotive für den Einsatz in allen Teilen Europas geeignet sein sollte, und die vereinfachte Baureihe „50" bot eine brauchbare Lösung für dieses Problem. Die Ansicht, dass diese Lokomotive nur als vorübergehendes Mittel zur raschen Produktionssteigerung gedacht war, wird dadurch unterstützt, dass die deutsche Presse bei der Ankündigung der Einführung der Baureihe „52" erwähnte, dass das erste Modell Anfang September das Werk des Herstellers verlassen hat. Da der Entwurf und die

---

[118] Diese Darstellung ist ähnlicher Form publiziert. (U.S. War Department publication *Tactical and Technical Trends*, 1943)

anschließende Produktion dieser Lokomotive einen Zeitraum von mindestens 15 Monaten in Anspruch nehmen würden, ist es offensichtlich, dass bei der Baureihe „52" zu dem Zeitpunkt, als die vereinfachte Baureihe „50" vorübergehend als Standardmodell eingeführt wurde, beträchtliche Fortschritte erzielt wurden.

Die Konstruktion der Baureihe „52

(3) Die deutsche Presse betont, dass die Baureihe „52" kein direkter Nachfolger der Baureihe „50" ist, sondern im Wesentlichen eine neue Baureihe darstellt. Eigentlich wäre es richtiger zu sagen, dass die Baureihen „50" und „52" Schwesterlokomotiven sind, die beide leichtere Modelle der Baureihe „44" darstellen. Die Hauptunterschiede, die beim Vergleich von Fotos der Baureihen „50" und „52" ins Auge fallen, bestehen darin, dass die Baureihe „52" mit einem viel tieferen Rahmen versehen ist, dass der Kesselsattel stark versteift wurde[119] und dass eine völlig andere Tenderkonstruktion verwendet wurde. Es wurde ein Brückenträger zwischen dem Steuerstangenhebel und dem Zylinder eingeführt, was darauf hindeutet, dass sich der Gleitbahnträger als weiterer Schwachpunkt der Baureihe „50" erwiesen hat. Es wurde ein Schneepflug eingebaut, und die Windleitbleche wurden eliminiert. Aus den Fotos ist auch ersichtlich, dass die Baureihe „52" viel einfacher ist als die Baureihe „50". Der vordere Dampfdom, der den Vorwärmer enthielt, wurde weggelassen.[112] Kleinere Unterschiede, die offensichtlich sind, bestehen darin, dass das Gestänge einschließlich der Steuer- und Bremsgestänge vereinfacht wurde, dass die übliche Verriegelungsvorrichtung an der Rauchkammertür durch einen Ring von Vorreibern ersetzt wurde und dass die Ausströmrohre der Zylinder einen rechteckigen statt kreisförmigen Querschnitt haben. Die beiden über dem Kessel angebrachten Ölkästen der Baureihe „50" wurden durch einen einzigen Kasten der Baureihe „52" ersetzt, und die Sandkästen sind jetzt Teil im zweiten Dampfdomgehäuse zusammengefasst und nicht mehr einzeln. Der Turbogenerator, der zuvor an der Vorderseite in Höhe der Rauchkammer angebracht war und vom vorderen Dom gespeist wurde, ist jetzt über der Feuerbüchse angebracht. In den Presseberichten wird auf gewisse Unterschiede hingewiesen, die aus den Fotos nicht ersichtlich sind. Die wichtigsten davon sind, dass die Speisepumpe und der Speisewassererhitzer angeblich ganz entfallen sind

---

[119] Möglicherweise beziehen sich diese Beobachtungen auf die konstruktiven Unterschiede zwischen Barren- und Blechrahmen.

und dass einige der kleineren Bauteile mit dem Ziel der Arbeits- und Materialeinsparung modifiziert wurden. Auf die letztere Aussage wird später noch näher eingegangen.

<u>Gewichtsreduzierungen</u>

(4) Die folgenden Angaben sind von den Baureihen „44", „50" und „52" verfügbar.

BAUREIHE	„44"	„50"	„52"
Achsanordnung	2-10-0	2-10-0	2-10-0
Lokomotivgewicht, leer	99,5 tons	80 tons	82 tons
	[101 t]	[81 t]	[83 t]
Tendergewicht, leer	28,5 tons	26 tons	18 tons
	[29 t]	[26 t]	[18 t]
Wasserkapazität des Tenders	30 m³	26 m³	34 m³
Brennstoffkapazität des Tenders	10 tons	8 tons	10 tons
	[10 t]	[8 t]	[10 t]
Zahl der Zylinder	3	2	2
Durchmesser der Zylinder (mm)	600	600	600
Zylinderhub (mm)	660	660	660
Treibraddurchmesser (mm)	1.400	1.400	1.400
Durchmesser des vorderen Laufrades (mm)	850	850	850
Achsstand (inkl. Tender) (mm)	19.190	18.890	18.890
Kesseldruck (kg/cm²)[120]	233	227	227?
	[16 bar]	[15,7 bar]	[15,7 bar]
Rostfläche (m²)	4,7	3,9	3.9?
Gesamte Heizfläche (m²)	237	177,6	177,6?
Überhitzerfläche (m²)	100	63,6	63,6?
Höchstgeschwindigkeit (km/h)	80	80	80?

(5) Es wird angemerkt, dass im Vergleich zum Gesamtgewicht von 106 tons [108 t] für die Baureihe „50" die Baureihe „52" ein Gesamtgewicht von 100 tons [102 t] hat.

---

[120] Die Einheit ist vermutlich „p.s.i.".

Alle Quellen stimmen in Bezug auf diese Gesamtgewichte überein, aber während einige der Quellen das Gewicht der Lokomotive der Baureihe „50" ohne Tender mit 80 tons [81 t] und das des Tenders mit 26 tons [26 t] angeben, geben andere ein Gewicht von 82 tons [83 t] bzw. 24 tons [24 t] an. Die letzteren Zahlen stellen die gleichen Gewichte für die Baureihen „50" und „52" ohne Tender dar. In Anbetracht der Tatsache, dass die Baureihe „52" einen viel tieferen Rahmen und einen steiferen Bodenring als die Baureihe „50" hat, müssen diese Teile wesentlich schwerer sein. Und da es sehr schwer zu erkennen ist, wie das Gewicht der anderen Teile ausreichend reduziert werden konnte, um gleiche Gewichte für die beiden Lokomotiven zu erreichen, erscheint es wahrscheinlich, dass die Lokomotive der Baureihe „52" tatsächlich 2 tons [2 t] schwerer ist als die der Baureihe „50", wie aus der Tabelle hervorgeht. Man wird feststellen, dass sowohl die Brennstoff- als auch die Wasserkapazität des Tenders der Baureihe „52" deutlich erhöht wurde. Die Gewichtsreduzierung bei erhöhter Kapazität wurde durch die Einführung eines rahmenlosen Tenders eines modifizierten Vanderbilt-Typs[104] erreicht. Der untere Teil des Tenders hat einen halbrunden Querschnitt, während der obere Teil eine flache Seite mit einer gebogenen Dachplatte aufweist. Wie beim Tender der Baureihe „50" ist der Tender der Baureihe „52" auf zwei Drehgestellen mit kugelgelagerten Achsen montiert.

(6) Eine gewisse Gewichtsreduzierung wird wahrscheinlich durch das vereinfachte Gestänge und den Ersatz des üblichen Verschlusses an der Rauchkammertür durch Vorreiber erreicht worden sein. Der Wegfall des Speisewasservorwärmers würde ebenfalls eine Gewichtsreduktion von etwa 2,100 lbs. [953 kg] bedeuten. Der Wegfall dieses Erhitzers wird zu einer sehr beträchtlichen Verringerung des Wirkungsgrades der Lokomotive führen, kann aber bei einer Kriegslokomotive als gerechtfertigt angesehen werden, da es sich um eine Einrichtung handelt, die einen erheblichen Wartungsaufwand erfordert. In den verschiedenen Berichten gibt es keine weiteren spezifischen Hinweise auf andere Gewichtsreduzierungen zwischen den Baureihen „50" und „52", aber in einem Bericht heißt es, dass 1.000 der üblichen 6.000 Teile eliminiert wurden. Diese Aussage hat wenig Wert, da Informationen über die genannten Teile fehlen. Dabei kann es sich z. B. um Muttern, Unterlegscheiben und Splinte handeln, die durch die Verwendung von Nieten anstelle von Bolzen eliminiert wurden, oder um Nieten, die durch Schweißen anstelle von Nieten eliminiert wurden. Wahrscheinlich sind es vor allem letztere, die für die Verringerung der Anzahl der Teile verantwortlich sind, da der Tender eine geschweißte statt eine genietete Struktur zu haben

scheint.

Reduzierung der Halbzeuggewichte

(7) Obwohl davon ausgegangen wird, dass die Lokomotive der Baureihe „52" in Wirklichkeit schwerer ist als die Lokomotive der Baureihe „50" (jeweils ohne Tender), wird in den Presseberichten häufig auf eine deutliche Materialeinsparung bei den Halbzeugen hingewiesen, d. h. beim Gewicht des für die Herstellung der Fertigteile erforderlichen Halbfertigmaterials. Aus den Angaben lassen sich die folgenden Halbzeug- und Nettogewichte für die beiden Baureihen ableiten:[121]

	Lok mit Tender			Lok ohne Tender			Tender		
Gewicht (t)	Int.	Net.	Diff.	Int.	Net.	Diff.	Int.	Net.	Diff.
Baureihe „50"	165	106	59	123	80	43	42	26	16
Baureihe „52"	140	100	40	114	82	32	26	18	8

(8) Man erkennt, dass bei jeder Lokomotive eine Einsparung von 25 tons [25,4 t] pro Lokomotive erzielt wird, von denen 16 tons [16,3 t] für den Tender ausgewiesen sind. Wenn die angestrebte Leistung von 7.500 Lokomotiven pro Jahr erreicht würde, würde sich die Materialeinsparung somit auf 187.500 tons [190.500 t] pro Jahr belaufen. Leider sind die meisten Hinweise auf die Methoden, mit denen dieses Ergebnis erreicht werden soll, vage. Die konkreteste Angabe ist, dass für die gesamte Steuerung, einschließlich des Triebwerks, der Antriebs- und der Kuppelstangen, Gesenkschmiedestücke anstelle von Handschmiedestücken verwendet wurden. Gesenkschmiedestücke sollen auch für die gesamte Bremsanlage verwendet worden sein. Da Gesenkschmiedestücke in der Regel in viel feineren Toleranzen als Handschmiedestücke hergestellt werden, würde sich der Materialverlust bei der Bearbeitung durch diese Praxis natürlich deutlich verringern, aber ihr Hauptvorteil läge wahrscheinlich in der Einsparung von Arbeitskräften. Andererseits hätte es den Nachteil, dass sie zu einer vorübergehenden Verlangsamung des Ausstoßes führen würde, da sie die Bereitstellung einer beträchtlichen Anzahl von sonst nicht benötigten Gesenken erfordern würde. Von besonderem Interesse ist die Aussage, dass es sich bei den

---

[121] In der folgenden Tabelle: Int. = Gewicht der Halbzeuge; Net. = Nettogewicht (das Gewicht der Fertigzeuge ohne Zuschnittverluste); Diff. = Differenz.

Kuppelstangen um Gesenkschmiedestücke handelt. Diese Stange ist ca. 8 Fuß 6 Zoll [*2591 mm*] lang. Es wird in einem Bericht angegeben, dass sie aus gesenkgeschmiedeten Enden und einem Walzprofilmittelteil besteht, wobei die drei Teile zu einer kompletten Stange verschweißt sind. Diese Konstruktionsmethode könnte nur in einem technologisch gut ausgerüsteten Werk durchgeführt werden. Die Herstellung der Stangen auf diesem Wege kann mit ziemlicher Sicherheit nur bei einigen wenigen Firmen konzentriert werden, die über die notwendigen Anlagen verfügen, was dann einen erheblichen Transportaufwand für die Lieferung der Stangen an die Werke, die über das gesamte feindliche Europa verteilt sind, bedeuten würde. Interessant ist, dass in einer Darstellung behauptet wird, dass die Einführung von Gesenkschmiedestücken für die Kuppelstangen eine Verringerung des Halbzeuggewichts um 1,300 lb. [*590 kg*] pro Stange und eine Verringerung der Produktionszeit um 79 Arbeitsstunden bedeutet.

(9) Die deutliche Materialeinsparung bei der Konstruktion des Tenders lässt sich leicht erklären, wenn man annimmt, dass dieser eine rahmenlose Struktur hat. Denn bei der üblicheren Bauweise besteht ein beträchtlicher Unterschied zwischen dem Halbzeug- und dem Nettogewicht, und zwar aufgrund des notwendigen Zuschneidens der verwendeten Profile und Platten und der Verluste, die beim Bohren der zahlreichen Löcher für die Nieten der Bolzen entstehen.

(10) In den Presseberichten finden sich einige unklare Hinweise auf andere Methoden zur Sicherung der Materialeinsparung. Eine davon bezieht sich auf die Verwendung von flachen statt geteilten Köpfen in der Steuerung, aber die Fotos der Lokomotive enthalten keinerlei Hinweis darauf, dass diese Praxis zu irgendeinem Zeitpunkt angewandt wurde. Ein weiterer Verweis auf Einsparungen, die in späteren Modellen erzielt werden sollen, erwähnt die Verwendung eines Flammrohrs anstelle der klassischen Feuerbüchse ("den bisherigen Stehkessel mit seinen vielen Arbeitszeit und Unterhaltung beanspruchenden Stehbolzen durch ein Flammrohr zu ersetzen"[122]). Diese Erwähnung ist besonders unklar, bezieht sich aber möglicherweise auf die Verwendung einer gewölbten Feuerbüchsenabdeckung, da die Verwendung eine Feuerbüchse mit kreisförmigem Querschnitt unzweckmäßig wäre.

---

[122] Der Satz in Anführungszeichen ist in deutscher Sprache zitiert.

(11) In mehreren Berichten wird betont, dass bei der Gestaltung der Baureihe „52"
besondere Anstrengungen unternommen wurden, um die Menge an Nichteisenme-
tallen zu verringern. Man kann sich nicht auf die für die Reduktionen angegebenen
Gesamtzahlen verlassen, da bei den Vergleichen mit früheren Typen offensichtlich
Verwirrung herrscht. Es wird z. B. angegeben, dass die Gesamtmenge an Kupfer in
der Baureihe „52" 495 lb. [225 kg] beträgt, verglichen mit einem Vorkriegsgewicht von
7 tons [7,1 t] und einem „Übergangs"-Gewicht von 2,8 tons [2,8 t]. Die Zahl von 7 tons
[7,1 t] bezieht sich offensichtlich auf eine Lokomotive mit einer Feuerbüchse aus Kupfer, eine Praxis, die in Deutschland einige Jahre vor dem Krieg mit Ausnahme von
Exportaufträgen aufgegeben wurde. Auch hier beträgt das Gewicht des Kupfers in
der vereinfachten Baureihe „50" ungefähr 1,600 Pfund [726 kg], so dass nur angenommen werden kann, dass sich die Zahl von 2,8 tons [2,8 t] auf die ursprüngliche Baureihe „50" bezieht. Aus den Angaben in einer Quelle geht hervor, dass die Verringerung des Gesamtgewichts des pro Lokomotive der Baureihe „52" benötigten Kupfers
hauptsächlich durch den Ersatz der beiden Großachs- und der zehn Achslager durch
Lager mit Stahlrücken anstelle von Lagern mit Bronzerücken erreicht wurde. Dies
führt zu einer Einsparung von 840 lbs. [381 kg] Kupfer. Eine weitere Einsparung von
55 lbs. [25 kg] Kupfer wird durch den Ersatz des früheren Dampfpfeifengehäuses aus
Bronze durch ein Stahlgehäuse erzielt. Der Ersatz von Lagerschalen aus Bronze durch
Schalen aus Stahl an den angegebenen Stellen führte zu einer Einsparung von 138 lbs.
[63 kg] an Zinn, und weitere 2 lbs. [0,9 kg] wurden durch den Ersatz eines Bronzege-
häuses durch ein Stahlgehäuse für die Dampfpfeife eingespart. Die Haupteinsparung
an Zinn im Vergleich zur Baureihe „44" wird jedoch durch den Ersatz von Gleit-
durch Kugellager für die Tenderachsen erzielt worden sein.

Reduzierung des Arbeitsbedarfs

(12) Es scheint sicher zu sein, dass bei der Konstruktion der Lokomotive der Baureihe „52" sehr sorgfältig darauf geachtet wurde, dass im Vergleich zu früheren Modellen weniger Arbeitsstunden für den Bau der Lokomotive erforderlich sind. In der
Mehrzahl der Berichte wird angegeben, dass eine Einsparung von 6.000 Arbeitsstunden erreicht wurde. Der Vergleich muss in diesem Fall mit der vereinfachten Baureihe
„50" erfolgen, da die normalen Arbeitsstunden, die für die Baureihe „44" und andere
schwere Lokomotiven vor dem Krieg erforderlich waren, etwa 60.000 Mannstunden
betrugen. Eine Einsparung von 6.000 Mannstunden würde daher nur etwa 10% der

insgesamt benötigten Zeit ausmachen, während behauptet wird, dass die Einsparung bei der vereinfachten Baureihe „50" im Vergleich zur Baureihe „44" etwa 50% beträgt, d. h. dass eine vereinfachte Lokomotive der Baureihe „50" in etwa drei Monaten statt der normalen Vorkriegszeit von sechs Monaten gebaut wird.

(13) Wenn die Baureihe „52" tatsächlich mit einer Einsparung von 6.000 Mannstunden im Vergleich zur vereinfachten Baureihe „50" gebaut werden kann, sind etwa 24.000 Mannstunden für ihren Bau erforderlich, was einer Bauzeit von etwa 10 Wochen entspricht. Da der Bau der ersten Lokomotive einer neuen Baureihe ausnahmslos ungewöhnlich lange dauert, ist es praktisch sicher, dass die Einsparung von 6.000 Mannstunden eher eine Schätzung als eine Zahl ist, die auf tatsächlichen Erfahrungen beruht, und es stellt sich die Frage, ob eine solche Einsparung an Arbeitskräften mit der neuen Konstruktion tatsächlich möglich ist. Obwohl vollständige Nachweise fehlen, ist von der Konstruktion genug bekannt, um sagen zu können, dass eine solche Einsparung nicht unmöglich ist, obwohl sie nur in den größten und am besten ausgestatteten Werken erreicht werden könnte. Es besteht beispielsweise kein Zweifel daran, dass ein geschweißter, rahmenloser Tender in etwa der Hälfte der Zeit gebaut werden könnte, die für einen der üblicheren Typen mit Rahmen benötigt wird. Die weite Verbreitung von Gesenkschmiedestücken anstelle von Handschmiedestücken, auf die bereits hingewiesen wurde, würde auch zu einer deutlichen Einsparung von Arbeitskräften führen. Darüber hinaus scheint der Zeit, die für Bearbeitungsvorgänge in anderen Bereichen benötigt wird, große Aufmerksamkeit geschenkt wurde. Ein konkretes Beispiel wird in den Berichten zitiert. Es wird festgestellt, dass die für die Bearbeitung eines Zylinderblocks erforderliche Zeit bereits von 28 Stunden auf 4 Stunden reduziert wurde, und dass sich eine Spezialmaschine im Bau befindet, mit der die Bearbeitungszeit auf insgesamt 1 Stunde reduziert werden kann. In diesem Fall liegt es auf der Hand, dass der Vergleich mit der Lokomotive der Baureihe „44" vorgenommen wird, aber den tatsächlich angegebenen Zahlen muss nicht zu viel Gewicht beigemessen werden, weil die für die Bearbeitung eines Zylinders benötigte Zeit in der Praxis bei den vielen verschiedenen Werken, in denen die Lokomotive der Baureihe „52" gebaut werden soll, sehr unterschiedlich sein wird. Diese Werke umfassen Hersteller im feindlichen Europa von Streckenlokomotiven aller Art, die sich stark in ihrer Ausrüstung unterscheiden. Es ist zweifelhaft, ob es gerechtfertigt wäre, eine spezielle Werkzeugmaschine zu konstruieren und zu bauen, die in der Lage ist, alle Arbeiten an einem Zylinderblock in einer Aufspannung durchzuführen. Der Bau

eines solchen Werkzeugs wäre sehr kostspielig, und es ist zweifelhaft, ob die deutsche Werkzeugmaschinenindustrie derzeit in der Lage ist, Aufträge für solche hochspezialisierten Maschinen anzunehmen. Alle wichtigeren Lokomotivhersteller müssten mit der Maschine ausgerüstet werden, um eine deutliche Reduzierung der Bearbeitungszeit bei diesem speziellen Bauteil zu erreichen, es sei denn, die Zylinderbearbeitung würde auf eine begrenzte Anzahl von Werken konzentriert werden. Eine solche Vorgehensweise wäre zwar machbar, aber es ist nicht ersichtlich, dass sie in Erwägung gezogen wird. Und es ist fraglich, ob ein solcher Schritt aufgrund der Transportschwierigkeiten, die mit Lieferungen der bearbeiteten Zylinder zu den über das feindliche Europa verteilten Werken verbunden sind, tatsächlich zu einer Produktionssteigerung führen würde.

(14) Die folgende Tabelle wurde aus den Daten der deutschen Presse zusammengestellt und enthält Vergleichszahlen, die in einigen Fällen für die Baureihen „44" und „52" und in anderen Fällen für die Baureihen „50" und „52" gelten. Sie ist von Interesse, da sie einige der Hinweise gibt, mit denen die Einsparung von Arbeitskraft erreicht wird:

BR, mit der die BR „52" verglichen wird	Teil	Bemerkungen	eingespartes Gewicht	eingesparte Mannstunden
Baureihe „44"	2 Sicherheitskupplungen	entfernt	128 lb. [58 kg]	40
Baureihe „44"	Rauchkammerverschluss	ersetzt durch Vorreiber	181 lb. [82 kg]	3
Baureihe „50"	Handläufe oder Trittbretter	9 entfernt	234 lb. [106 kg]	12,5
Baureihe „44"	Glocke	entfernt	83 lb. [38 kg]	10
Baureihe „50"	8 Kuppelstangen	gesenk- statt handgeschmiedet	10,400 lb. [4.717 kg]	632
Baureihe „50"	Dampfdom mit Speisewassererhitzer	entfernt	2,100 lb. [953 kg]	174
Baureihe „50"	2 Windleitbleche	entfernt	1,950 lb. [885 kg]	110
Baureihe „50"	2 Treibstangen	Aufgebaut aus 2 Gesenkschmiedestücken und Walzprofilen statt handgeschmiedet	2,600 lb. [1.179 kg]	79

In einem Bericht heißt es, dass durch die Beschränkung auf einen Anstrich 235 Arbeitsstunden eingespart wurden.

Frostschutz

(15) In den Berichten wird häufig auf Maßnahmen zum Frostschutz der Lokomotive der Baureihe „52" verwiesen, aber es werden nur wenige spezifische Informationen angegeben. In einem Bericht heißt es, dass diese Maßnahmen unter drei Oberbegriffe fallen, nämlich die Verlegung von zuvor exponierten Teilen an Stellen, die näher am Kessel liegen, Isolierung und Dampfheizung exponierter Rohrleitungen. Auf den Fotos der Lokomotive gibt es keinen Hinweis auf eine Verlegung von Teilen an Stellen, die näher am Kessel liegen, mit Ausnahme möglicher Wasserrohrverbindungen zum Tender, und es ist auch nicht möglich, anhand dieser Fotos festzustellen, welche Rohre dampfbeheizt wurden. Die Verkleidung des Kessels ist ein übliches Verfahren, wenn Lokomotiven für den Einsatz in kalten Klimazonen vorgesehen sind, und wahrscheinlich ist bei der Lokomotive der Baureihe „52" in dieser Hinsicht nur eine ungewöhnlich dicke Verkleidung verbaut worden. Die Fotos zeigen deutlich, dass die Zylinder stark isoliert sind und ein ungewöhnlicher Abschluss der Isolierung der Zylinderdeckel vorgenommen wurde. Auch die Ausströmrohre scheinen isoliert zu sein, obwohl es an dieser Stelle sein kann, dass eine Dampfheizung verwendet wurde. Die einzigen anderen Punkte, die entgegen der üblichen Praxis isoliert wurden, sind die Luftpumpenventile. In diesem Fall wurde der gesamte Ventilmechanismus oben am Kompressor durch ein Gehäuse abgedeckt. Im Zusammenhang mit der Lokomotive der Baureihe „50" wurde berichtet, dass die Achsschmierbehälterabdeckungen enger anliegen, um das Eindringen von Schnee zu verhindern, und zweifellos wurde diese Vorsichtsmaßnahme bei der Lokomotive der Baureihe „52" erneut angewendet. Schlussendlich ist die Anbringung eines Schneepfluges ein Schutz vor schlechten Wetterbedingungen.

Vergabe von Unteraufträgen

(16) Mehrere Berichte beziehen sich auf Versuche, die Produktionsmengen durch eine verstärkte Vergabe von Unteraufträgen zu erhöhen, aber auch hier beschränken sich die Autoren auf allgemeine Aussagen. In zwei Berichten heißt es, dass zum Zeitpunkt der Auftragsvergabe etwa 18 % der für den Bau einer Lokomotive erforderlichen

Arbeitsleistung von Unterauftragnehmern geliefert werden, und dass diese Zahl erhöht werden soll. Es ist praktisch sicher, dass sich dieser Prozentsatz auf die Lokomotiven der Baureihe „50" und nicht auf die der Baureihe „52" beziehen muss. Es ist schwierig, nützliche Schlussfolgerungen aus diesen Zahlen zu ziehen, ohne Angaben zu den von Unterauftragnehmern hergestellten Teilen zu haben. Es ist zum Beispiel wichtig zu wissen, ob die Zahl von 18 % auch Komponenten enthalten, die normalerweise in Friedenszeiten von Subunternehmern bezogen wurden oder ob es sich um zusätzliche Komponenten handelt. Es war die übliche Praxis, die Bremsausrüstung von einem Zulieferer zu beziehen, und zwar mit der möglichen Ausnahme von zwei oder drei der führenden Hersteller, wie z. B. Teile wie die Luftpumpe, die Speisepumpe, die Dampfstrahlpumpe und eine Reihe kleinerer, zusätzlicher Komponenten. Einige der kleineren Firmen beschafften sogar den Kessel von einer externen Quelle. Die Lage wird noch dadurch kompliziert, dass häufig die eigentliche Lokomotive und der Tender in verschiedenen Werken gebaut wurden, und in einem solchen Fall könnte man sagen, dass der Tender ein Unterauftrag war.

Die Auswirkung des Entwurfs der Baureihe „52" auf das neue Programm

(17) In einem kürzlich erschienenen Memorandum mit dem Titel „Geschätzte Hauptstrecken-Dampflokomotivproduktion der Achsenmächte in Europa" wurde die vorläufige Schlussfolgerung gezogen, dass die jährliche Produktionsmenge der europäischen Achsenmächte bis Ende 1942 wahrscheinlich 3.400, bis Juli 1943 5.040 und bis Ende 1943 6.040 Stück erreichen würde. Diese Schätzungen basierten auf der Berücksichtigung aller bekannten Faktoren und auch auf der Annahme, dass alle Lokomotiven der Baureihe „44", die sich zum Zeitpunkt der Bekanntgabe des neuen Plans im Bau befanden, fertiggestellt sein würden und dass alle neu geplanten Lokomotiven die vereinfachte Bauart der Baureihe „50" sein würden. Es stellt sich nun die Frage, ob diese Schätzungen im Hinblick auf die Einführung der Baureihe „52" geändert werden sollten, und wenn ja, in welchem Umfang.

(18) Wie bereits erwähnt, wird es durchaus möglich sein, den Tender der Baureihe „52" in etwa der Hälfte der Zeit des Tenders der Baureihe „50" zu bauen. Aber dies wird keine nennenswerten Auswirkungen auf die jeweiligen Leistungen der beiden Baureihen haben, da der Tender in jedem Fall in wesentlich kürzerer Zeit gebaut werden kann als die eigentliche Lokomotive. Was letztere betrifft, so scheinen drei

Hauptpunkte, die in den verschiedenen Presseberichten erwähnt wurden, in Betracht gezogen zu werden, das heißt (a) Änderungen der Konstruktion im Hinblick auf eine höhere Leistung, (b) Änderungen der Produktionsmethoden, um dasselbe Ziel zu erreichen, und (c) eine Ausweitung der Vergabe von Unteraufträgen. Die ersten beiden Punkte wurden bereits erörtert, und es wurde die Schlussfolgerung gezogen, dass die Behauptung, die Lokomotive der Baureihe „52" könne mit etwa 24.000 Mannstunden im Vergleich zu etwa 30.000 Mannstunden für die Baureihe „50" gebaut werden, für die größten und bestausgerüsteten Werke nicht unrealistisch ist. Diese Überzeugung beruht jedoch auf der Annahme, dass entweder das Werk, in dem die Lokomotive gebaut wird, die verwendeten Gesenkschmiedestücke anstelle von Handschmiedestücken liefern kann, oder dass diese unterbrechungsfrei von einer externen Firma bezogen werden können. Wenn man davon ausgeht, dass die Lokomotive der Baureihe „52" nicht nur in den führenden europäischen Werken, sondern auch in einer Reihe von weit verstreuten kleineren Werken gebaut werden soll, ist es wahrscheinlich, dass die Gesenkschmiedestücke in einer beträchtlichen Anzahl von Fällen von externen Werken bezogen werden müssen. Aufgrund der Schwierigkeiten unter den gegenwärtigen Bedingungen eine regelmäßige Versorgung dieser Werke im feindlichen Europa, und speziell in den besetzten Gebieten, sicherzustellen, ist es sehr unwahrscheinlich, dass die aus dieser Maßnahme resultierende Arbeitszeitersparnis für das gesamte Europa der Achsenmächte einen Wert von 10 % erreichen kann; vernünftiger erscheint es, einen Durchschnittswert von 5 % anzunehmen. Die Herstellung der notwendigen Gesenke für die Gesenkschmiedeteile muss zu einer gewissen Verzögerung führen, was wahrscheinlich zu einem leichten Rückgang der geschätzten Produktion in der ersten Hälfte des Jahres 1943 führt, gefolgt von einem Anstieg, sagen wir auf etwa 6.400 statt 6.040 bis Ende des Jahres. Wenn diese Annahmen richtig sind, scheint der Hauptvorteil des neuen Designs nicht in einer Produktionssteigerung zu liegen, sondern darin, dass ein fehlerhaftes Design durch einen einwandfreies als Standardproduktionsmodell ersetzt wird.

(19) Für die Verfasser früherer Berichte war die Frage, ob die Deutschen die Produktion durch die Vergabe von Unteraufträgen über einen Wert von 10 % hinaus steigern können. Obwohl dies in keinem der Presseberichte über die Lokomotive der Baureihe „52" erwähnt wird, sind Berichte über Vorschläge eingegangen, einige der führenden europäischen Werke in reine Montagewerke umzuwandeln – wobei alle Komponenten entweder in den verbleibenden Lokomotivwerken oder in Werken, die

bisher nicht an der Lokomotivproduktion beteiligt waren, hergestellt werden. Es gibt zwei ernsthafte Einwände gegen eine solche Idee. Erstens würde die Bearbeitungskapazität in den ausgewählten Werken ungenutzt bleiben, oder sie müsste für Zwecke eingesetzt werden, für die sie nicht ausgelegt ist, oder sie müsste in andere Werke verlegt werden. Zweitens würde der Vorschlag die Erstellung eines sorgfältig abgestimmten Plans beinhalten, der die Bewegung der Teile und übrigens auch des Rohmaterials für ihre Herstellung über weite Entfernungen abdeckt, und das zu einer Zeit, in der der Transport durch das feindliche Europa sehr erschwert ist. Wenn man sich daran erinnert, dass die Lieferung von Lokomotiven aus einigen der führenden französischen Werke aufgrund verschiedener unerwarteter Schwierigkeiten mehrere Monate überfällig ist, scheint es, dass der erforderliche Grad an Synchronisierung ein unmögliches Problem darstellen würde. Man kann zu dieser Idee sagen, dass sie wahrscheinlich nur in sehr geringem Umfang praktikabel ist. Wie bereits erwähnt, beziehen sich mehr als einer der Berichte über die Baureihe „50" in der deutschen Presse auf die Vergabe von Unteraufträgen, die derzeit 18 % der insgesamt für den Bau einer Lokomotive erforderlichen Arbeitsstunden ausmachen. Solange jedoch nicht klar ist, dass dieser Prozentsatz tatsächlich über den Prozentsatz hinausgeht, der sich schon vor dem Krieg auf die Vergabe von Unteraufträgen bezog, wird die Schätzung einer Erhöhung der Produktion um von mehr als 10 % nicht als gerechtfertigt angesehen werden.

Der Nutzen der Lokomotive der Baureihe „52"

(20) Es sind wiederholt Aussagen gemacht worden, dass die normale deutsche Kriegslokomotive nur eine Nutzungsdauer von etwa 2 Jahren haben soll. Dies mag zwar für die Übergangslokomotive zutreffen, aber basierend auf veröffentlichten Daten und aus einer Untersuchung der verfügbaren Fotos kann man schlussfolgern, dass die Lokomotive der Baureihe „52" eine Lebensdauer haben soll, die mit der von Vorkriegslokomotiven vergleichbar ist. Sie scheint durchweg solide konstruiert zu sein, und Rahmen und Bodenring, ein Schwachpunkt der Baureihe „50", stellen eine besonders robuste Konstruktion dar und sind möglicherweise sogar eine Verbesserung der Vorkriegsbaureihe „44". Der Wegfall des Speisewasservorwärmers ist mit einem Verlust von vielleicht 5 bis 7 Prozent des thermischen Wirkungsgrades verbunden, aber auf der anderen Seite wird dieser Schritt die Wartungskosten tendenziell senken. Der Wegfall von Armaturen wie Sicherheitskupplungen und Glocke ist in

Kriegszeiten ein völlig gerechtfertigter Schritt, und es würde keine Schwierigkeiten bereiten, diese Teile zu einem späteren Zeitpunkt hinzuzufügen.

(21) Es gab einige Berichte, dass neue deutsche Lokomotiven jetzt mit ungewöhnlich dünnen Radreifen ausgestattet werden, mit der Begründung, dass diese Lokomotiven nur eine kurze Lebensdauer haben sollen. Ein Vergleich von Fotos zeigt aber, dass die Radreifen der Baureihe „52" etwas dünner sind als die der Vorkriegsbaureihe „44". Hier könnte zu einem späteren Zeitpunkt leicht ein schwererer Radsatz montiert werden.

(22) Es gibt in der Tat keinen Beweis dafür, dass die Lokomotive der Baureihe „52" für eine außergewöhnlich kurze Lebensdauer ausgelegt ist, und es gibt einen direkten Hinweis für das Gegenteil. Die in Deutschland übliche Praxis des Einsatzes von Kolbenstangen wurde beibehalten. Der einzige Zweck solcher Stangen besteht darin, den Zylinderverschleiß zu verringern, und da sie mit beträchtlichem Mehraufwand und zusätzlichen Stopfbuchsen verbunden sind, ist ihre Beibehaltung bei der Baureihe „52" daher sehr zweckmäßig.

(23) Die Lokomotive ist natürlich ein vergleichsweise leichtes Modell von mäßiger Leistung aus der Sicht der normalen kontinentalen Praxis, und obwohl sie für den Betrieb auf Nebenstrecken und im Nahverkehr durchaus geeignet ist, wäre sie für den schweren Fernverkehr nach dem Krieg im Reich nicht geeignet. In diesem Zusammenhang sei angemerkt, dass die Deutschen angekündigt haben, 1944 mit dem Bau der Lokomotive der Baureihe „42" beginnen zu wollen. Diese Baureihe wurde bisher noch nie in großen Stückzahlen gebaut, aber aus der Ankündigung kann geschlossen werden, dass es sich um eine schwere Lokomotive handelt, die in ihren Leistungen mit der Baureihe „44" vergleichbar ist. Eine Darstellung deutet darauf hin, dass sie die Baureihe „52" ersetzen soll, aber es ist wahrscheinlicher, dass beide Baureihen weiter gebaut werden.

Informationsquellen
(24) In den folgenden Zeitschriften sind Berichte über die Lokomotive der Baureihe „52" erschienen:
Die Deutsche Bergwerks-Zeitung, 13/10/42
Neues Wiener Tagblatt, 14/10/42

Die Frankfurter Zeitung, 14/10/42

Die Deutsche Allgemeine Zeitung, 13/10/42

Völkischer Beobachter, 13/10/42

Berliner Lokal Anzeiger, 13/10/42

Die Neue Zürcher Zeitung, 14/10/42

National Zeitung, 13/10/42

Rheinisch-Westfälische Zeitung, 13/10/42

Berliner Börsen Zeitung

Die Zeitung (London) 30/10/42

Energie, Oktober 1942

3.6.1.2   B-2 (2F)

Tabelle 6[108]   KENNZAHLEN DER LOKOMOTIVEN - - -

Punkt	Beschreibung	Alco S-1872[107] 2. Weltkrieg
1.	Typ	2-8-2 - S200
2.	Neue Konstruktion oder Nachbau	Nachbau Baldwin
3.	Brennstoff	Steinkohle
4.	Kesseltyp und Durchmesser	S.T.[123] 69$^{5}/_{16}$" AD[124]
5.	Gewicht auf Treibachsen (lb.)	143,000
6.	Achsgewicht (lb.)	20,700
7.	Gewicht auf Laufrädern (lb.)	36,300
8.	Gesamtgewicht (lb.)	200,000
9.	Zylinder	21" x 28"
10.	Treibraddurchmesser	60"
11.	Kesseldruck (lb.)	200
12.	Zugkraft	35,000
13.	Adhäsionsfaktor[53]	4.09
14.	Nassdampf oder Heißdampf	Heißdampf
15.	Zylinderleistung bei 1000 ft. p.m.[109]	1586
16.	Dampferzeugung pro PS	20.8
17.	Gesamtdampferzeugung pro Stunde bei max. Leistung	32,989
18.	Kohlenverbrauch pro PS	3.25
19.	Gesamtkohlenverbrauch pro Stunde bei max. Leistung	5155
20.	Kohle pro Quadratfuß effektiver Rostfläche bei Zylinderleistung	109.68
21.	Kohlen pro Quadratfuß effektiver Rostfläche bei Kesselleistung	96.87
22.	Benötigte Rostfläche, Angaben Pkt. 19 ÷ 120 sq.ft.	42.96
23.	Rostfläche Länge x Breite	102$^{1}/_{8}$" x 66$^{1}/_{4}$"
24.	Effektive Rostfläche - sq.ft.	47

---

[123] **st**andard **t**ype (Standardtyp)
[124] **A**ußen**d**urchmesser

- - - AMERKANISCHE UND DEUTSCHE

Alco S-1893[106] 2. Weltkrieg	Alco S-1248[105] 1. Weltkrieg	Deutsche Baureihe 42	Deutsche Baureihe 52
2-8-0 - S160	2-8 0 - S161[125]	L-42-1597	L52-3674
Neu	Nachbau S-1228	2-10-0	2-10-0
Steinkohle	Steinkohle	Steinkohle	Steinkohle
S.T. 70″ AD	Ewt[126] 70″ AD	S.T. 76″ AD	S.T. 66″ AD
138,000	139,500	183,400	165,000
21,500	21,000	27,800	25,000
--	--	--	--
159,500	160,500	211,200	190,000
19″ x 26″	23″ x 26″	$24^{13}/_{16}$″ x 26″	23⅝″ x 26″
57″	56.7″	55⅛″	55⅛″
225	170.6	227	227
31,500	35,100	52,600	50,790
4.45	3.97	3.49 geschätzt	3.25
Heißdampf	Heißdampf	Heißdampf	Heißdampf
1461	1623	2500	2260
20.8	20.8	20.8	20.8
30,389	33,758	51,750	47,000
3.25	3.25	3.25	3.25
4748	5275	8100	7342
115.8	154.24	160	175
98.45	121.92	99	99
39.57	43.9	67.5	61.2
84⅛″ x 70¼″	96⅛″ x 51¼″	120½″ x 60″	99½″ x 60″
41	34.2	50.5	42.0

---

[125] Die Angabe „S161" ist irreführend, da sie eine Variante der USATC S160 aus dem Zweiten Weltkrieg für die Jamaica Railway Corporation ist (dort: P60 – P64) und in ihren Werten von der „Pershing" abweicht. (Tourret, 1995), Seiten 223, 239f

[126] Extented width (erweiterter Durchmesser)

Punkt	Beschreibung	Alco S-1872 2. Weltkrieg
25.	Rauchrohre - Zahl und Durchmesser	137 - 2″
26.	Heizrohre - Zahl und Durchmesser	30 - 5⅜″
27.	Dicke der Rauch und Heizrohre - BWG[127] oder Dezimal	13 Min & 10
28.	Rohrlänge und -abstand	17′6″ - ¾″
29.	Rauchgas- und Heizrohrinnenfläche - sq.ft.	5.12
30.	Heizfläche Überhitzer	--
31.	Heizfläche - Rauchrohre (jeweils) sq.ft.	9.119
32.	Heizfläche - Heizrohre (jeweils) sq.ft.	24.508
33.	Heizfläche - Rauchrohre sq.ft.	1250
34.	Heizfläche - Heizrohre sq.ft.	735
35.	Heizfläche - Rauch- und Heizrohre sq.ft.	1985
36.	Heizfläche - Feuerbüchse sq.ft.	179
37.	Gesamtheizfläche sq.ft.	2164
38.	Verdampfung durch Rauchrohre pro sq.ft.	9.11
39.	Verdampfung durch Heizrohre pro sq.ft.	10.77
40.	Verdampfung pro Heizrohr, Punkt 31 x 38	83.07
41.	Verdampfung pro Heizrohr bei Rate Punkt 38	11381
42.	Verdampfung pro Heizrohr bei Rate Punkt 39	7916
43.	Verdampfung der Feuerbüchse bei 55 p.s.i. [0,03bar]	9845
44.	Gesamtverdampfung - lb.	29,142
45.	Kesselleistung Punkt 44 ÷ 16	1401
46.	Kesselleistung per sq.ft. Heizrohrfläche Pkte. 45 ÷ 29	273.63
47.	Kesselleistung in % der Zylinderleistung Pkte. 45 ÷ 15	88.3
48.	Gewicht pro Zylinder Pkte. 8 ÷ 15	126.1
49.	Gewicht pro Kesselleistung Pkte. 8 ÷ 45	142.75
50.	Tenderkapazität – Wasser, Gallons	6500
51.	Tenderkapazität – Kohle, tons	9

---

[127] Die **B**irmingham **W**ire **G**auge (Birmingham Normaldrahtlehre) ist eine Einheit zur Bezeichnung von Drahtgrößen, die in der britischen Norm BS 3737: 1964 (zurückgezogen) angegeben war. (Wikipedia34)

Alco S-1893 2. Weltkrieg	Alco S-1248 1. Weltkrieg	Deutsche Baureihe 42	Deutsche Baureihe 52
150 - 2″	166 - 2″	143 - 2″	113 - 2⅛″
30 - 5⅜″	26 - 5⅜″	43 - 5¼″	35 - 5¼″
13 Min & #9	#12 - #9	0.09 & 0.156	0.09 & 0.156
13′ 6″ - ¾/4″	15′0″ − ¹¹/₁₆″	15′9″	17′0″ − ¹³/₁₆″
5.29	5.26	6.15	5.25
471	456	815	686
7.023	7.804	--	--
18.872	20.976	--	--
1053.4	1295	1067	973
566.2	545	872	767
1619.6	1840	1939	1740
141.3	142	208	171
1760.9	1982	2147	1911
10.56	9.70	9.83	9.73
12.24	11.59	11.52	10.90
74.16	75.7	--	--
11124	12561	10500	9450
6930	6317	10030	8350
7772	7810	11450	9350
25,826	26,688	31,980	27,150
1242	1283	1540	1310
234.78	243.9	251	250
85	79.05	61.8	58.0
109.17	98.89	84.5	84.2
128.42	125.1	137.5	145.0
6500	4756	7825	8453
10	5½	11	11

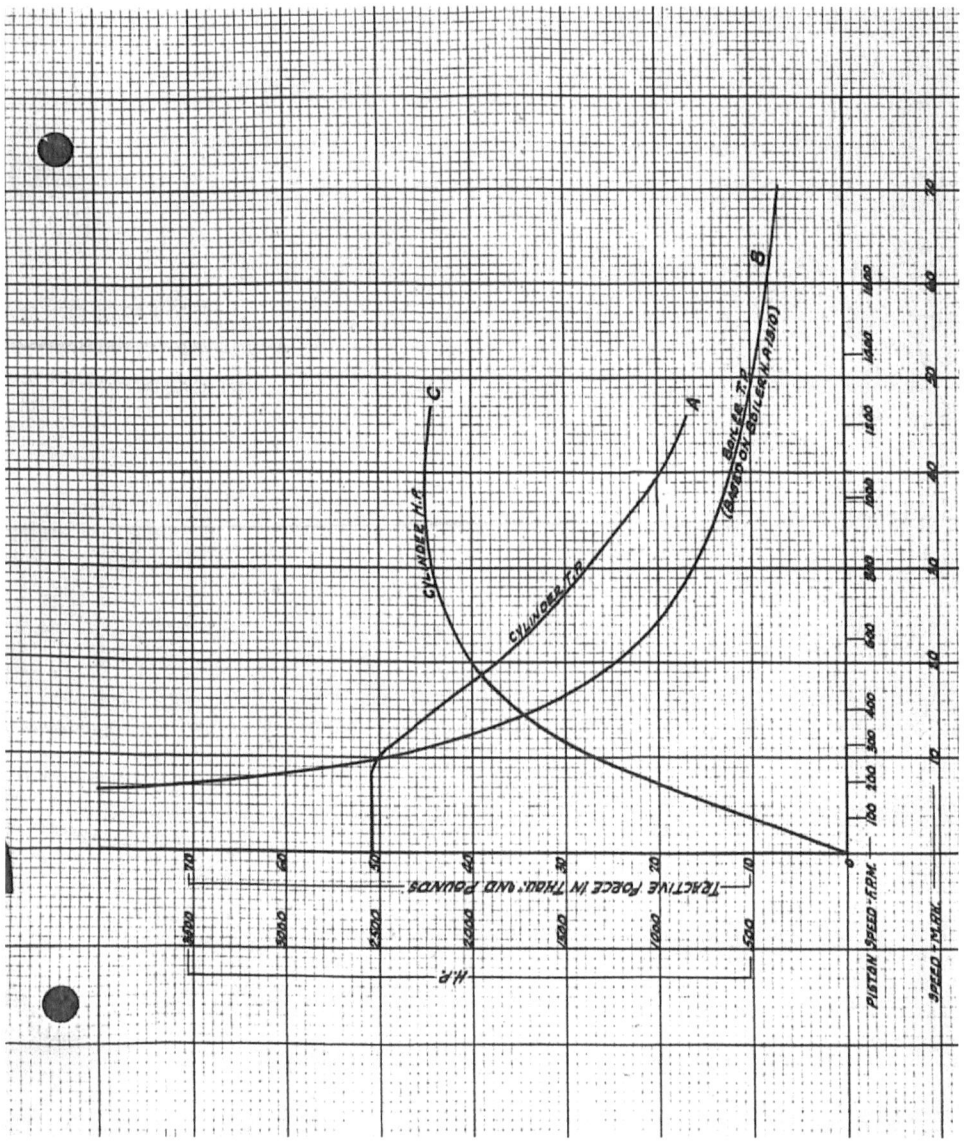

3.7 Teil V (HF 110 C 10136)

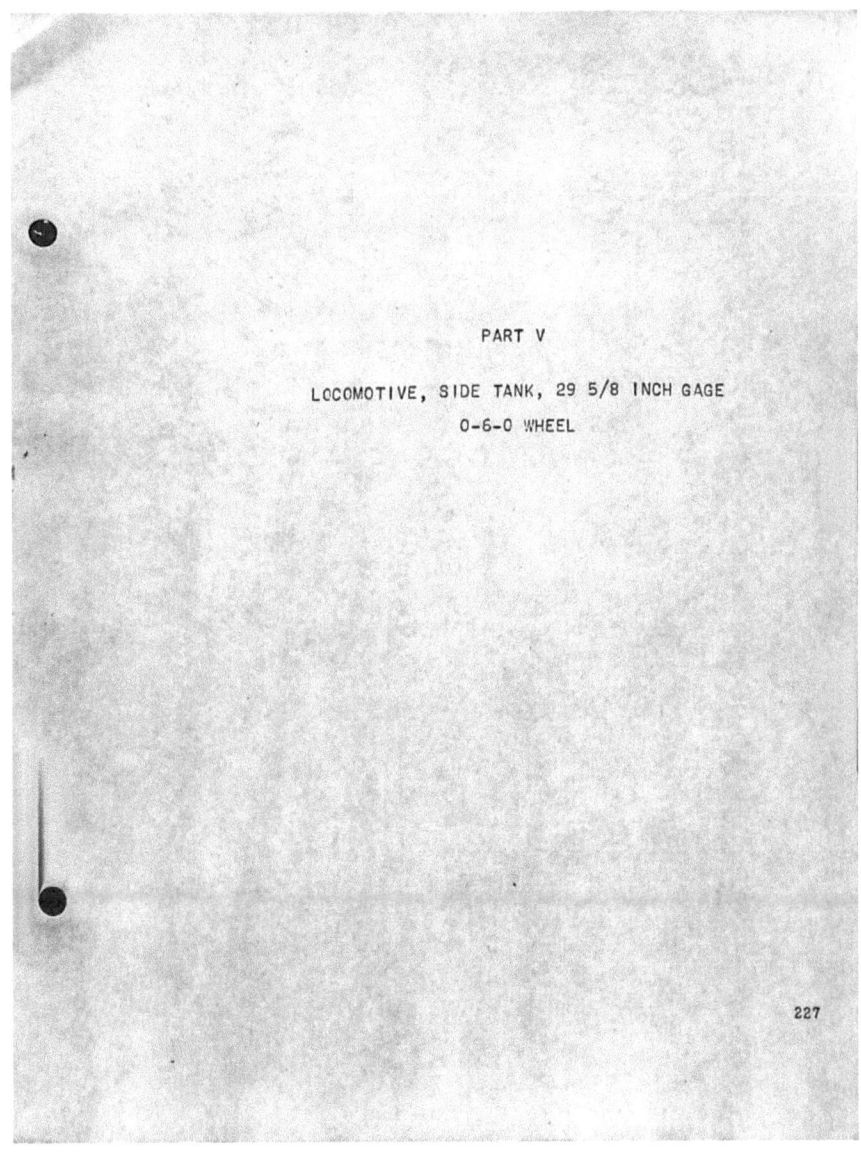

PART V

LOCOMOTIVE, SIDE TANK, 29 5/8 INCH GAGE

0-6-0 WHEEL

227

Teil V

LOKOMOTIVE, TENDER, SPURWEITE 29⅝ ZOLL ACHSFOLGE 0-6-0

TEIL V

LOKOMOTIVE, TENDER, SPURWEITE 29⅝ ZOLL

ACHSFOLGE 0-6-0

TECHNISCHE UNTERSUCHUNG

I. GEGENSTAND

<u>1. Zweck</u>: Untersuchung, Erprobung und Bestimmung der Betriebseigenschaften und der Praktikabilität der Übernahme der bestmöglichen Merkmale der deutschen Tenderlokomotive, Achsfolge 0-6-0.

II. UNTERSUCHUNG

<u>2. Untersuchung:</u> In einem Brief des Technischen Nachrichtendienstes vom 16. März 1946 (Anhang B-1) (2G) hieß es, dass keine technischen Informationen über diese Lokomotive verfügbar seien. Der Achsfolge, das Vorderteil und die Saugehebeeinrichtung wurden im Camp Patrick Henry, Virginia, inspiziert, aber die Lokomotive war nicht angeheizt, da es keine Schmalspurgleise gab.

<u>3. Beschreibung der Lokomotive</u>
a. Diese Schmalspur-Rangierlokomotive (29⅝ Zoll [*752 mm*]) (Abb. 64) mit kleinem abnehmbarem Tender wurde für den Einsatz an der deutschen Ostfront konzipiert. Die Lok kann 422 Gallonen [*1,6 m³*] Wasser und 1000 Pfund [*454 kg*] Kohle in einem kleinen Tank bzw. Behälter auf jeder Seite des Kessels vor dem Führerstand transportieren. Diese Reserveversorgung kann für eine kurze Zeit genutzt werden, wenn es notwendig ist, den Tender abzunehmen.
b. Die Lokomotive ist mit Folgendem ausgestattet:
Elektrische Signallaternen und Generator (25 Volt, 3750 U/min, 0,52 KW)
Walschaert-Steuerung[100]
Treibräder, 2 Zoll [*51 mm*] dick x 4¹/₁₆ Zoll breit [*103 mm*]; Mittelrad ohne Spurkranz
Treibachszapfen, 4½ Zoll Durchmesser [*114 mm*] x 6 Zoll [*152 mm*] lang mit

Wälzlagern aus Metall

Dampfbremsen

Handbremse an der Lokomotive

Handbetätigtes Spindelrad-Umkehrgetriebe

Geschwindigkeitsmesser

Handbetätigte Sandstreueinrichtung

Mechanischer Zwangsschmierstoffgeber mit 6 Zuführungen

Zwei Hubstrahlpumpen

Zwei prismatische Wassergläser vom Typ Klinger

Feuerbüchse: Stahl. Einteilige Kronen- und Seitenbleche; hohle Stehbolzen; von flexiblen Bolzen getragene Kronenbleche

Zwei Sicherheitsventile

Aufgebauter Rahmen außerhalb der Antriebsräder

Dampfsaugheber, vor dem rechten Wassertank, neben dem Kessel. Der Siphon wird mit einem Stück Saugschlauch verwendet, der auf einer Haspel auf der Rückseite des Tenders mitgeführt wird, um Wasser aus Bächen und ähnlichen Versorgungsquellen zu entnehmen (Abb. 65, 66).

c. Daten für Lokomotive und Tender sind in Tabelle 7 angegeben.

ABBILDUNG 66 – RECHTE LOKOMOTIVSEITE.
ANICHT DES DAMPFSAUGHEBERS (AUF DER VORDER-
SEITE DES WASSERTANKS) ZUR WASSERAUFNAHME
ENTLANG DER STRECKE AUS NATÜRLICHEN QUELLEN.[55]

ABBILDUNG 67 – INNENSEITE DER RAUCH-
KAMMER. ANSICHT DES FUNKENFÄNGERS ZWISCHEN
SCHORNSTEIN UND BLASROHR.

Tabelle 7
Hauptabmessungen und Daten
Tenderlokomotive

Typ - 0-6-0

Einsatz - Rangierlokomotive

Hersteller - Jung Lokomotivwerke

Herstellernummer - - - - - - - - - - - - - - - 10136

Herstelldatum - - - - - - - - - - - - - - - - - - 1944

Spurweite - 29⅝" [752 mm]

Achsfolge:

    Kuppelachsen - - - - - - - - - - - - - - - - 5'11" [1.803 mm]

    Tender - 5'3¼" [1.607 mm]

    Lokomotive und Tender - - - - - - - - - 21'9½" [6.642 mm]

Gesamtlänge: Lokomotive über Rah-
menkanten - 30'3¼" [9.227 mm]

Gesamtlänge: Lokomotive und Tender
über Puffer - - - - - - - - - - - - - - - - - - - 33'1¾" [10.103 mm]

Höhe: Führerhausoberkante von Schie-
nenoberkante - - - - - - - - - - - - - - - - - - 9'4½" [2.858 mm]

Maximale Höhe über Führerhaus - - - - - 7'0" [2.134 mm]

Lichtgenerator - - - - - - - - - - - - - - - - - - 500 W

Gewicht:

    Lokomotive und Tender (Betriebs-
    gewicht) - 25 tons (gesch.) [23 t]

Wassertank im Tender - - - - - - - - - - - - - 1585 gal. [6 m³]

Wassertank in der Lokomotive - - - - - - - 422 gal. [1,6 m³]

    Gesamtkapazität - - - - - - - - - - - - - - - 2007 gal. [7,6 m³]

Kohlenbunker im Tender - - - - - - - - - - - 4300 lb. [2 t]

Kohlenbehälter in der Lokomotive	1000 lb. [*454 kg*]
Gesamtkapazität - - - - - - - - - - - - - - -	5300 lb. [*2,4 t*]
Zugkraft bei 85 % M.E.P. - - - - - - - - - - -	10,900 lb. [*4,9 t*]
Adhäsionsfaktor[53] - - - - - - - - - - - - - - -	4.6 (gesch.)
Kessel:	Stehkessel mit flacher Decke
Erster Schuss - - - - - - - - - - - - - - - - - -	36⅜″ [*924 mm*] Innendurchmesser
Kesseldruck - - - - - - - - - - - - - - - - - -	185 p.s.i. [*12,8 bar*]
Feuerbüchse:	
Länge -	36″ [*914 mm*]
Breite -	30¾″ [*781 mm*]
Rostfläche - - - - - - - - - - - - - - - - - - -	7.68 sq.ft. [*0,7 m²*]
Rohre:	
Zahl und Größe - - - - - - - - - - - - - - -	98: 2″ [*51 mm*] Durchmesser
Länge -	7′4½″ [*2.248 mm*]
Zylinder:	
Durchmesser - - - - - - - - - - - - - - - - -	12″ [*305 mm*]
Kolbenhub - - - - - - - - - - - - - - - - - -	13½″ [*343 mm*]
Kuppelachsen, Radreifen - - - - - - - - - - -	28″ [*711 mm*]
Steuerung - - - - - - - - - - - - - - - - - - -	Walschaert
Tender:	
Typ -	Schlepptender
Zahl der Achsen - - - - - - - - - - - - - -	2
Raddurchmesser - - - - - - - - - - - - - -	22½″ [*572 mm*]

III. DISKUSSION

4. Bewertung der Lokomotive

Wegen der geringen Zugkraft und der geringen Spurweite ist diese Lokomotive für militärische Einsätze von fraglichem Wert, außer beim Straßenbau und ähnlichen Anwendungen. Verbrennungslokomotiven haben Dampflokomotiven für den leicht-industriellen Einsatz weitgehend ersetzt.

5. Stand dieser Studie

a. Der prozentuale Abschluss dieser Studie ist zum jetzigen Zeitpunkt unbestimmt.

b. Das Datum des Abschlusses kann nicht geschätzt werden. Er hängt von einem laufenden Test ab, der durchgeführt wird, wenn und falls eine Spurweite von $29\frac{5}{8}$ Zoll in Fort Eustis, Virginia, verfügbar ist.

c. Die zum Abschluss dieser Studie erforderlichen Arbeiten bestehen aus

(1) Betriebstests

(2) Test des Dampfsaughebers

A N H A N G B

UNTERSUCHUNG UND DISKUSSION

3.7.1   Anhang B

B-1 (2G)

16. März 1946

Hinweistelegramm Ihres Büros vom 23. Januar 1946 und Schreiben vom 28. Januar 1946, in dem um technische Informationen über deutsche Lokomotiven gebeten wurde, wurde das benötigte Material mit folgenden Ausnahmen beschafft:

Bezeichnung	Typ	Wagen-nummer	Objekt Nr. in der Statusübersicht des Techn. Nachrichtendienstes
Tenderlokomotive	0-6-0		29
3-teiliger Diesel-Mechanischer Zug			28
Flachwagen (80 tons)		60597	23

Diese Informationen wurden im Büro von Lt. Col. Mow, AGM[128] des 2. MRS zusammengestellt, und wir haben seine Aussage, dass Daten über die oben genannten Lokomotiven und Wagen nicht verfügbar sind.

Joseph A. Pierattelli
1st Lt., TC
Verbindungsoffizier, TC
Technischer Nachrichtendienst

---

[128] **A**ssistant **G**eneral **M**anager – stellvertretender Generaldirektor

4 Ausstellungen

4.1 Ft. Eustis

Zwischen dem 6. und 8. März 1946 wurde die überführte deutsche Eisenbahnausrüstung Vertretern aus Wissenschaft und Industrie zugänglich gemacht. Am Tag zuvor gab es eine Sondervorführung für Mitglieder des Kongresses und Vertreter der Presse (siehe auch Kap. 3.2).

Mit der Eisenbahnausrüstung wurden auch Motoren und Ausrüstungen der deutschen Marine gezeigt:

- Schiffsdiesel eines Minenräumbootes (8-Zylinder Viertaktmotor mit 900 PS)[129]
- ein Zweitaktmotor von Klöckner-Humboldt-Deutz (300 PS)
- ein MAN U-Boot-Motor (MAN, 2.000 PS)[130]
- ein Mercedes Benz V-20-Motor (2.500 PS)[131]

Folgende Motoren wurden als Teile einer Rangierlokomotive gezeigt:

- Klöckner-Humboldt-Deutz Dieselmotor (6-Zylinder, 112 PS)[132]
- Klöckner-Humboldt-Deutz Dieselmotor (6-Zylinder, 36 PS)[133]
- MAN Motor (4-Zylinder, 107 PS)[134]

Weiterhin wurde ein 41,1 m langes Minenräumboot mit Voith-Schneider Propellern gezeigt[135]. Besondere Aufmerksamkeit galt den Propellern, die die Ruderbewegungen des Schiffs eindrucksvoll unterstützen. Mit dem Schiff wurden Demonstrationsfahrten in der nahegelegenen Chesapeake Bay unternommen.[136]

---

[129] vermutlich ein Ersatzmotor des Minenräumboots, siehe Fußnote 135
[130] vermutlich MAN M6V40/46KBB (6-Zylinder-Diesel mit 2.000 PS) der U-Boot-Klasse XXI (Wikipedia35)
[131] vermutlich Mercedes-Benz 20-Zylinder-Dieselmotor mit 9.000 PS (Druckfehler?) der U-Boot-Klasse IX D1 (Wikipedia36)
[132] möglicherweise Motor einer DR-Kleinlokomotive der Leistungsgruppe II (Wikipedia37)
[133] möglicherweise Motor einer DR Kleinlokomotive der Leistungsgruppe I (Wikipedia38)
[134] möglicherweise Motor einer DR-Kleinlokomotive der Leistungsgruppe II (Wikipedia37)
[135] vermutlich ein Minenräumboot der Capella-Klasse, ex R 130 – R 150 (Wikipedia39)
[136] (RA03, 1946)

4.2   Chicago Railroad Fair[137]

Neben der Ausstellung in Fort Monroe stellte das U.S. Army Transportation Corps Eisenbahnmaterial auf der Chicago Railroad Fair im Jahre 1948 aus. Angekündigt wurden sieben Typen von Eisenbahnfahrzeugen. Darunter waren eine 127 Tonnen schwere Militär-Diesellokomotive, ein Lazarettwagen, ein Geschützwagen, ein Werkstattwagen und ein Lazarett-Küchenwagen. Außerdem wurden eine deutsche Lokomotive und ein während des Krieges erbeuteter Militärtransportwagen angekündigt.[138]

Ausgestellt wurden letztendlich jedoch nur die 42 1597 zusammen mit einem Lazarett-Küchenwagen, einem Lazarett-Einheitswagen und einem Werkstattwagen[139].

Während der Ausstellung trug 42 1597 ein Schild mit der Aufschrift[140]:

DIES IST EINE ERBEUTETE DEUTSCHE LOKOMOTIVE   GÜTERZUGLOKOMOTIVE TYP L-42 1597   KOHLEVERBRENNUNG GEBAUT 1944   VERSCHIFFT VON STRASSBURG   DEUTSCHLAND 1946   LOKOMOTIVE WIEGT 342,400 LBS.   TENDER WIEGT 127,200 LBS.   KESSEL MIT EINER LEISTUNG   VON 1200 PFERDESTÄRKEN

---

[137] Offizieller Führer: (1948 Chicago Railroad Fair Official Guide Book), Handzettel des USATC: (US Army Transcorp Ex 1948), Zeitschriftenartikel: (Katz, 1998). Übersichtsbild der Ausstellung: (Chicago Old and New, 2018), (PA07, 1948). Ausführlicher Artikel über die Ausstellung: (Katz, 1998)
Herrn Karl-Heinz Wunderlich sei für den Hinweis auf diese Ausstellung herzlich gedankt.

[138] (RA07, 1948)

[139] Bei den Lazarettwagen und dem Werkstattwagen handelt es sich um Material der USATC, nicht um erbeutetes Material.

[140] (militaryrailwayservice, 2012), (rgusrail, 2018). Hier sind auch weitere Fotos der Ausstellung einsehbar.

5 Verschrottung

THE FORT EUSTIS SENTINEL[141]

11. April 1952

Verschrottung von erbeutetem, ausländischem Eisenbahnmaterial

Der größte Teil der erbeuteten ausländischen Eisenbahnausrüstung in Fort Eustis wird verschrottet, wie der Kommandierende General, Brigadier General[142] Harold R. Duffie, kürzlich bekannt gab. Er teilte mit, dass das Heeresministerium C. H. Foreman, den Beauftragten für die Entsorgung von Eigentum, ermächtigt hat, Ausschreibungen an etwa 550 Schrotthändler im ganzen Land zu versenden.

In seinem Kommentar zur Verschrottung sagte General Duffie, dass die Idee, die deutsche und japanische Ausrüstung[143] zu verwerten, genau in das laufende Kostenbewusstseinsprogramm der Armee passe. Er fuhr fort, dass das Schienenmaterial seinen Zweck erfüllt habe, nachdem es von Verkehrsexperten vollständig untersucht und analysiert worden sei. Es soll nun eine weitere Aufgabe für die Vereinigten Staaten erfüllen, nämlich wertvollen Schrott für unsere Verteidigungsanstrengungen[144] und einen finanziellen Rückfluss an die Regierung liefern.

Insgesamt werden zehn schwere Ausrüstungsgegenstände entsorgt, darunter ein dreiteiliger deutscher Dieselschnellzug[145], der einst von Nazi-Größen benutzt worden sein soll. Außerdem sollen vier deutsche Normalspurlokomotiven, zwei Dampf- und

---

[141] Der Fort Eustis Sentinel ist eine amerikanische Truppenzeitschrift.

[142] Brigadier General (Brigadegeneral) (Wikipedia03)

[143] Über das Vorhandensein von japanischer Eisenbahnausrüstung in Fort Eustis ist bislang nichts bekannt.

[144] Zu beachten ist, dass sich die USA zu dieser im Koreakrieg (1950-1953) befanden.

[145] SVT 137 274. Man bezieht sich auf ein Gerücht, dass diese Einheit u. a. von Hermann Göring benutzt worden ist.

zwei Diesellokomotiven[146], verschrottet werden. Eine der Dampflokomotiven war in der Lage, 700 Meilen ohne Nachfüllen von Kraftstoff oder Wasser zurückzulegen. Eine weitere Lokomotive war für den schnellen Schnellzugdienst konzipiert und konnte Geschwindigkeiten von über 110 Meilen pro Stunde erreichen.

Der Rest des Schrotts umfasst eine englische Dampflokomotive für Normalspur, die für die deutsche Regierung gebaut wurde[147]. Eine kleine deutsche Lokomotive, die von der japanischen Armee verwendet wurde[147], sowie ein deutscher Niederbord-, ein Flach- und ein Kastenwagen[148]. Nach der Zerlegung wird das Altmetall etwa 815 Bruttotonnen wiegen.

---

[146] Vermutlich ist gemeint: Vier Normalspurlokomotiven: 52 2006, 19 1001, 42 1597, 52 3674; zwei Dampflokomotiven (HF 110 C 10136 und eine bisher noch unbekannte Dampflokomotive); zwei Diesellokomotiven (WR 360 C 14 und eine bisher noch unbekannte Diesellokomotive).

[147] Die Identität dieser Maschine konnte nicht geklärt werden

[148] SSyms Köln ?, Omm(r)u Villach ?, Gl(reh)s Dresden. Man beachte, dass der Kesselwagen X 941 238 und der Stellwerkwagen 300 029 nicht genannt werden.

6 Schlusswort

Nach dem Ende des Zweiten Weltkrieges waren auch die Eisenbahner des damaligen USTAC sehr interessiert an den technischen Entwicklungen der deutschen Eisenbahnwesens, welches zu dieser Zeit als eines der führenden Eisenbahnwesen der Welt galt. Insbesondere die „Kamel-Lokomotive" (52 2006) mit ihrer vergleichsweise ungeheuren Reichweite für damalige Dampflokomotiven faszinierte die Eisenbahner sehr.

Weiterhin weckten die in enormen Stückzahlen gebauten Kriegslokomotiven BR 42 und mehr noch die der BR 52 das Interesse der US-Verantwortlichen. Die Kriegslokomotiven waren in einem Bericht des britischen Geheimdienstes schon bald nach der öffentlichen Vorstellung in Nazideutschland bekannt und schon einige technische Eigenschaften waren in seinem Bericht aufgeführt. Für die Erzielung der enormen Ausbringungszahlen wurden dort Vermutungen angestellt, aber die damit erzielte Arbeitsteilung und Zulieferungslogistik war nicht in diesem Ausmaße vorstellbar. Sicherlich trug hierzu auch die Zwangsarbeit bei der deutschen Kriegslokomotiv-Produktion bei, die in diesem Ausmaß bisher unvorstellbar war.

Trotz der Tatsache, dass einige Teile dieser Untersuchungsberichte direkte Übersetzungen deutscher Vorlagen darstellen, erkennt man dennoch die Faszination der amerikanischen Fachleute für die vorgestellte deutsche Technik. Eine Reihe von Bauteilen sollten verschiedenen US-Unternehmen zur Beurteilung überlassen werden, jedoch ist bisher nicht bekannt, ob die geplanten Untersuchungen und Tests letztendlich durchgeführt und/oder dokumentiert wurden.

Es kann auch deshalb schwer abgeschätzt werden, ob und inwieweit die Konstruktionsprinzipien dieser Fahrzeuge wirklich in den Bau der amerikanischen Eisenbahnausrüstung eingeflossen sind.

Bei den Dampflokomotiven kann dies fast ausgeschlossen werden, da diese in den USA zu dieser Zeit nicht mehr weiterentwickelt wurden und man sich auf Dieseltriebfahrzeuge konzentrierte. Auf Grund der wirtschaftlichen Vorteile begannen die Bahngesellschaften nach dem Zweiten Weltkrieg nämlich ihren Fuhrpark auf Diesellokomotiven umzustellen. Unter anderen mit den diesel-elektrischen Diesellokomotiven der E- und F-Serie setzte die Firma EMD[149] nicht nur technisch, sondern auch im Design der Lokomotiven über viele Jahre Maßstäbe. Diese finden sich beispiels-

---

[149] General Motors **E**lectro-**M**otive **D**ivision, Cleveland/OH

weise Ende der 1950er Jahre auch im Paradezug der DB (Baureihe VT 11.5) wieder.

Ein verstärktes Interesse an der deutschen Dieselmotorentechnik meint man zu erkennen, wenn man die Liste der Ausstellungsstücke der Ft. Eustis-Ausstellung von März 1946 durchgeht und die vergleichsweise vielen Dieselmotorexponate auffallen. Auch im Fragebogen für F. Witte meint man schon ein besonderes Interesse für Dieselaggregate zu erkennen.

Was die Güterwagen angeht, war der rahmenlose Kesselwagen (ebenso wie der prinzipiell ähnlich gebaute Wannentender) von besonderem Interesse. Es kann davon ausgegangen werden, dass einige der Prinzipien als Inspiration für den amerikanischen Güterwagenbau dienten.

Damit endet die Geschichte der deutschen Eisenbahnausrüstung in den USA – wohl nicht so ganz!

Der Kesselwagen X 941 238 scheint bisher noch zu existieren[150]. Es gibt Berichte, dass dieser (zumindest zeitweise?) von Ft. Eustis nach Ft. AP Hill[151] gebracht worden sei.[152]

---

[150] Der Kesselwagen wird auf der Wikipedia-Seite heute noch im Fahrzeugpark von Fort Eustis geführt. (Wikipedia40)
[151] (Wikipedia41)
[152] (Wunderlich)

7 Anhänge

7.1 Verwendete Umrechnungsfaktoren

Angloamerikanische Einheit	Metrische Einheit
1 cubic yard	0,7646 m³
Fahrenheit in Celsius	$T_{°C} = (T_{°F} - 32) \times {}^5/_9$
1 gallon (liquid US)	3,785 l
1 hp (H.P.)	1,01 PS
1 kg/cm²	0,981 bar
1 lb./lbs. (pound/pounds)	0,4536 kg
1 mile (US)	1,609 km
1 mile per hour	1,609 km/h
1 p.s.i. (pound per sq. in.)	0,069 bar
1 pound per sq.ft.	4,88 kg/m²
1 quart (liquid US)	0,95 l
1 sq. in. (square inch)	6,4516 cm²
1 sq.ft. (square foot/feet)	0,0929 m²
1 ton (British long ton, Imperial)	1,01605 t
1 ton (US short ton)	0,9072 t
1' (foot/feet) (US)	304,8 mm
1" (inch)	25,4 mm
1000 ft.p.m.	18,3 km/h

7.2 Literaturverzeichnis

1948 Chicago Railroad Fair Official Guide Book. [Online] [Zitat vom: 01. 05. 2023] http://livinghistoryofillinois.com/pdf_files/1948%20Chicago%20Railroad%20Fair%20Official%20Guide%20Book%20Wheels%20a-Rolling.pdf.

AAR. Association of American Railroads. [Online] [Zitat vom: 01. 05. 2023] https://www.aar.org/.

Chessiemike. 2002. Hitler's Train. [Online] 16. 04 2002. [Zitat vom: 01. 05. 2023] http://forums.railfan.net/forums.cgi?board=DieselTypes;action=display;num=1018750873;start=1#1.

Chicago Old and New. 2018. Connecting the Windy City. *April 21, 1948 -- Railroad Fair Begins to Lay Tracks.* [Online] 21. 04 2018. [Zitat vom: 01. 05. 2023] http://www.connectingthewindycity.com/search/label/1948.

Clement, Marc. 2022. *Die Unermüdlichen.* Norderstedt : Books on Demand, 2022. ISBN 9783756822591.

Cunningham, Nancy. 2020. U.S. Army Railway Units of the Past. *743rd Railway Operating Battalion.* [Online] 2020. [Zitat vom: 01. 05. 2023] https://militaryrailwayservice.blogspot.com/search/label/743rd%20Railway%20Operating%20Battalion.

Diener, Wolfgang. 2012. *Anstrich und Bezeichnung von Lokomotiven.* Fürstenfeldbruck : VGB Verlagsgruppe Bahn GmbH, 2012. ISBN 9783837508215.

Dixon, S. L. Pictures taken in Fort Eustis, VA. [Online] [Zitat vom: 01. 05. 2023] http://www.rrpicturearchives.net/locThumbs.aspx?id=162497.

Encyclopædia Britannica. Soft Coal. [Online] [Zitat vom: 01. 05. 2023] https://www.britannica.com/science/soft-coal.

Fliege, Mario. Datenbank Triebfahrzeuge. [Online] [Zitat vom: 01. 03. 2022] https://revisionsdaten.de/tfzdatenbank/tfz_detail.php?sa&id=45560&fahrzeugsuche=50+4009-2&art=1&such_start=0.

Gottwaldt, Alfred B. 2018. *Heeresfeldbahnen im Zweiten Weltkrieg.* Stuttgart : transpress Verlag, 2018. ISBN 9783613715653.

Gottwaldt, Alfred. 1967. Deutsche Lokomotiven in den USA. *Lok Magazin.* 1967, Bd. 27, Dezember 1967, S. 39-42.

Gregory, Andrew Grant und Bateman, Carroll. 1947. *The saga of the 708 Railway Grand Division.* s.l. : World War Regimental Histories, 1947. 92.

Henschel-Werke GmbH. 1960. *Henschel Lokomotiv-Taschenbuch.* Düsseldorf : VDI-Verlag GmbH, 1960.

Johnson , Ralph Paine. 1940,1944. *The steam locomotive: Its theory, operation and economics, including comparisons with Diesel-electric locomotives.* New York : Simmons-Boardman Pub. Co., 1940,1944.

Jones, Kevin. American engineers. [Online] [Zitat vom: 01. 05. 2023] https://www.steamindex.com/people/american.htm.

Katz, Curtis L. 1998. The Last Great Railroad Show. August 1998, S. 59-67, 81.

Keil, Uwe und Wunderlich, Karl-Heinz. 2020. Beutefahrzeuge in den USA. *Eisenbahnkurier.* 579, 2020, S. 48-52.

Lauscher, Stefan und Moll, Gerhard. 2014. *Jung-Lokomotiven, Lokomotivfabrik in Jungenthal 1885-1987, Band 2: Bauarten und Typen.* Freiburg : EK-Verlag GmbH, 2014. ISBN 9783882557985.

McLean, Dewey. Korean War Army Basic Training, Ft. Eustis, 1951-1952. [Online] [Zitat vom: 01. 05. 2023] https://www.flickr.com/photos/dmclean2009/3823969075/in/photolist-2oiiCXd-28Y9Tx2-2gJneZ7-49CfrH-YRdWLD-CEpKeJ-D5dv7u-Ca9bxi-MpGtCW-8vvUEr-Cy2CYX-6PUQMi-7kNTGg-6VupaD-5QX5Mf-2kJHy22-LAhwx2-28Ya1fk-26Myumb-29xkDo6-Ts2WXh-czYwc1-czYvkJ-2ecqw2X-29sktCJ.

Messerschmidt, Wolfgang. 1987. *Dampflokomotiven und ihre Tender.* Stuttgart : Franckh'sche Verlagshandlung, 1987. ISBN: 344005778X.

militaryrailwayservice. 2012. U.S. Army Transportation Corps Exhibit Chicago Railroad Fair 1948. [Online]

15. 04 2012. [Zitat vom: 01. 05. 2023] http://militaryrailwayservice.blogspot.com/2012/04.

MM. 1945. A Profile of the 757th Railway Shop Battalion. *The Milwaukee Magazine*. 1945, October, S. 7, 20.

N.N. 1945. *The Soldier-Railroaders Story of The 716th Railway Operating Battalion Unit History*. Stuttgart : s.n., 1945.

PA07. 1948. Roadmasters, B.&B. Men Meet At Chicago, September 20-22. [Hrsg.] Wiiliam C. Vantuono. *Railway Age*. 1948, Bd. 9, 125, S. 438.

Parks, Maynard E. und Brachlow , Ronald A. 1945. *704 Railway Grand Division*. 1st Edition. Stuttgart : 704th Railway Grand Division, 1945.

Paulsen, Patrick. O&K 21339. [Online] [Zitat vom: 01. 05. 2023] https://www.rangierdiesel.de/index.php?nav=1401379&lang=1&id=31838&action=portrait.

RA01. 1945. Captured Locomotive Named for Gen. Grey. [Hrsg.] William C. Vantuono. *Railway Age*. 1945, Bd. 8, 119, S. 339-340.

RA02. 1945. 757th Ry. Shop Bn. Takes Over German Locomotive Works. [Hrsg.] William C. Vatuono. *Railway Age*. 1945, Bd. 119, 2, S. 72.

RA03. 1946. Army to Exhibit German Railroad Equipment. [Hrsg.] William C. Vantuono. *Railway Age*. 1946, Bd. 120, 6, S. 335.

RA04. 1946. German Equipment Exhibited by Army. [Hrsg.] William C. Vantuono. *Railway Age*. 1946, Bd. 120, 11, S. 576, 581.

RA05. 1945. German War-Developed Locomotive. [Hrsg.] William C. Vantuono. *Railway Age*. 1945, Bd. 119, 21, S. 862.

RA06. 1945. German Condensing Locomotive. [Hrsg.] William C. Vantuono. *Railroad Age*. 1945, Bd. 119, 26, S. 1051-1052.

RA07. 1948. Army Railroad Equipment to Be Exhibited at Chicago Fair. [Hrsg.] William C. Vantuono. *Railway Age*. 1948, Bd. 124, 19, S. 921.

rgusrail. 2018. Chicago Railroad Fair. [Online] 15. 12 2018. [Zitat vom: 01. 05. 2023] https://www.rgusrail.com/ilcrf.html.

Schmidt, Joachim. Eisenbahnstiftung - Eustis. [Online] [Zitat vom: 01. 05. 2023] https://eisenbahnstiftung.de/bildergalerie.

Schwarze, Johannes, et al. 1998. *Die Dampflokomotive*. Stuttgart : transpress Verlag, 1998. ISBN 3344707914.

Tourret, R. 1995. *Allied Military Locomotives of the Second World War*. 3. Auflage. Abingdon : Tourret Publishing, 1995. ISBN 090587806X.

U.S. War Department publication Tactical and Technical Trends. 1943. The German Class "52" Locomotive. *Tactical and Technical Trends*. 1943, Bd. 24, 6. Mai 1943.

US Army Transcorp Ex 1948. [Online] [Zitat vom: 01. 05. 2023] https://de.scribd.com/doc/89544100/Us-Army-Transcorp-Ex-1948#.

Virginia Tech. Imagebase. [Online] [Zitat vom: 01. 05. 2023] https://imagebase.lib.vt.edu/browse.php?folio_ID=/trans/nss/loco/for.

Wikipedia01. Field Information Agency, Technical. [Online] [Zitat vom: 01. 05. 2023] https://en.wikipedia.org/wiki/Field_Information_Agency,_Technical.

Wikipedia02. G.I. [Online] [Zitat vom: 01. 05. 2023] https://en.wikipedia.org/wiki/G.I..

Wikipedia03. Dienstgrade der Streitkräfte der Vereinigten Staaten. [Online] [Zitat vom: 01. 05. 2023] https://de.wikipedia.org/wiki/Dienstgrade_der_Streitkr%C3%A4fte_der_Vereinigten_Staaten.

Wikipedia04. Military Railway Service (United States). [Online] [Zitat vom: 01. 05. 2023] https://en.wikipedia.org/wiki/Military_Railway_Service_(United_States).

Wikipedia05. Commanding officer. [Online] [Zitat vom: 01. 05. 2023]

https://en.wikipedia.org/wiki/Commanding_officer.
Wikipedia06. Executive Officer. [Online] [Zitat vom: 01. 05. 2023]
https://de.wikipedia.org/wiki/Executive_Officer.
Wikipedia07. New York, New Haven and Hartford Railroad. [Online] [Zitat vom: 01. 05. 2023]
https://en.wikipedia.org/wiki/New_York,_New_Haven_and_Hartford_Railroad.
Wikipedia08. Chicago, Milwaukee, St. Paul and Pacific Railroad. [Online] [Zitat vom: 01. 05. 2023]
https://de.wikipedia.org/wiki/Chicago,_Milwaukee,_St._Paul_and_Pacific_Railroad.
Wikipedia09. New York Port of Embarkation. [Online] [Zitat vom: 01. 05. 2023]
https://en.wikipedia.org/wiki/New_York_Port_of_Embarkation.
Wikipedia10. United States Department of War. [Online] [Zitat vom: 01. 05. 2023]
https://en.wikipedia.org/wiki/United_States_Department_of_War.
Wikipedia11. DR 137 273 ... 858. [Online] [Zitat vom: 01. 05. 2023]
https://de.wikipedia.org/wiki/DR_137_273_%E2%80%A6_858.
Wikipedia12. Heeresfeldbahnlokomotive HF 110 C. [Online] [Zitat vom: 01. 05. 2023]
https://de.wikipedia.org/wiki/Heeresfeldbahnlokomotive_HF_110_C.
Wikipedia13. Adhesion railway. [Online] [Zitat vom: 01. 05. 2023]
https://en.wikipedia.org/wiki/Adhesion_railway.
Wikipedia14. Denver and Rio Grande Western Railroad. [Online] [Zitat vom: 01. 05. 2023]
https://de.wikipedia.org/wiki/Denver_and_Rio_Grande_Western_Railroad.
Wikipedia15. American Locomotive Company. [Online] [Zitat vom: 01. 05. 2023]
https://de.wikipedia.org/wiki/American_Locomotive_Company.
Wikipedia16. Lima Locomotive Works. [Online] [Zitat vom: 01. 05. 2023]
https://de.wikipedia.org/wiki/Lima_Locomotive_Works.
Wikipedia17. Baldwin Locomotive Works. [Online] [Zitat vom: 01. 05. 2023]
https://de.wikipedia.org/wiki/Baldwin_Locomotive_Works.
Wikipedia18. Fahrzeugbegrenzungslinie. [Online] [Zitat vom: 01. 05. 2023]
https://de.wikipedia.org/wiki/Fahrzeugbegrenzungslinie.
Wikipedia19. Wehrmachtslokomotive WR 360 C 14. [Online] [Zitat vom: 01. 05. 2023]
https://de.wikipedia.org/wiki/Wehrmachtslokomotive_WR_360_C_14.
Wikipedia20. Timken Company. [Online] [Zitat vom: 01. 05 20223.]
https://de.wikipedia.org/wiki/Timken_Company.
Wikipedia21. Ninth Air Force (1942). [Online] [Zitat vom: 01. 05. 2023]
https://de.wikipedia.org/wiki/Ninth_Air_Force_(1942).
Wikipedia22. Wabtec. [Online] [Zitat vom: 01. 05. 2023] https://de.wikipedia.org/wiki/Wabtec.
Wikipedia23. Nathan Manufacturing. [Online] [Zitat vom: 01. 05. 2023]
https://en.wikipedia.org/wiki/Nathan_Manufacturing.
Wikipedia24. New York Air Brake. [Online] [Zitat vom: 01. 05. 2023]
https://de.wikipedia.org/wiki/New_York_Air_Brake.
Wikipedia25. Franklin Balmar. [Online] [Zitat vom: 01. 05. 2023]
https://en.wikipedia.org/wiki/Franklin_Balmar.
Wikipedia26. Bentonit. [Online] [Zitat vom: 01. 05. 2023] https://de.wikipedia.org/wiki/Bentonit.
Wikipedia27. Degree of curvature. [Online] [Zitat vom: 01. 05. 2023]
https://en.wikipedia.org/wiki/Degree_of_curvature.
Wikipedia28. 140 "Pershing". [Online] [Zitat vom: 01. 05. 2023]
https://fr.wikipedia.org/wiki/140_%22Pershing%22.
Wikipedia29. 140 PLM 971 bis 999. [Online] [Zitat vom: 01. 05. 2023]
https://fr.wikipedia.org/wiki/140_PLM_971_%C3%A0_999.

Wikipedia30. USATC S160 Class. [Online] [Zitat vom: 01. 05. 2023]
https://en.wikipedia.org/wiki/USATC_S160_Class.

Wikipedia31. USATC S200 Class. [Online] [Zitat vom: 01. 05. 2023]
https://en.wikipedia.org/wiki/USATC_S200_Class.

Wikipedia32. Interstate Commerce Commission. [Online] [Zitat vom: 01. 05. 2023]
https://de.wikipedia.org/wiki/Interstate_Commerce_Commission.

Wikipedia33. Ministry of Economic Warfare. [Online] [Zitat vom: 01. 05. 2023]
https://de.wikipedia.org/wiki/Ministry_of_Economic_Warfare.

Wikipedia34. Standard wire gauge. [Online] [Zitat vom: 01. 05. 2023]
https://en.wikipedia.org/wiki/Standard_wire_gauge.

Wikipedia35. U-Boot-Klasse XXI. [Online] [Zitat vom: 01. 05. 2023] https://de.wikipedia.org/wiki/U-Boot-Klasse_XXI.

Wikipedia36. U-Boot-Klasse IX. [Online] [Zitat vom: 01. 05. 2023] https://de.wikipedia.org/wiki/U-Boot-Klasse_IX.

Wikipedia37. DR-Kleinlokomotive Leistungsgruppe II. [Online] [Zitat vom: 01. 05. 2023]
https://de.wikipedia.org/wiki/DR-Kleinlokomotive_Leistungsgruppe_II.

Wikipedia38. DR-Kleinlokomotive Leistungsgruppe I. [Online] [Zitat vom: 01. 05. 2023]
https://de.wikipedia.org/wiki/DR-Kleinlokomotive_Leistungsgruppe_I.

Wikipedia39. Deutsche Minenräumboote. [Online] [Zitat vom: 01. 05. 2023]
https://de.wikipedia.org/wiki/Deutsche_Minenr%C3%A4umboote.

Wikipedia40. Fort Eustis Military Railroad. [Online] [Zitat vom: 01. 05. 2023]
https://en.wikipedia.org/wiki/Fort_Eustis_Military_Railroad.

Wikipedia41. Fort A.P. Hill. [Online] [Zitat vom: 01. 05. 2023] https://en.wikipedia.org/wiki/Fort_A.P._Hill.

Wunderlich, Karl Heinz. private Mitteilung.

Ausgaben der Zeitschrift *Railway Age* sind online abrufbar unter: [online] [Zitat vom: 01.05.2023]
https://archive.org/details/pub_railway-age